우리는 무엇을 위해
살아야 하는가

우리는 무엇을 위해 살아야 하는가

초판 1쇄 인쇄 2020년 1월 10일
초판 1쇄 발행 2020년 1월 15일

지은이 사토 에이분
옮긴이 오근영
펴낸이 이태선
펴낸곳 창작시대사

등록번호 제2-1150호(1991년 4월 9일)
주소 경기도 고양시 덕양구 행주로 83번길 51-11(행주내동)
전화 031-978-5355 **팩스** 031-973-5385
이메일 changzak@naver.com

ISBN 978-89-7447-224-5   03190

우리는 무엇을 위해

살아야 하는가

사토 에이분 지음 / 오근영 옮김

창작시대

성공을 향해 뛰는 많은 사람이 많다.
그러나 그들 중 상당수가
성공의 사다리를 오르지 못한다.
왜냐하면 그들은 성공으로 향하는
열차를 움직일 충분한 열정이 없고,
단지 성공에 대한 욕심만 있기 때문이다.
주체할 수 없는 열정의 파도가
밀어 올리지 않는다면,
성공의 해안가에 도달할 수 없다.
열정을 가져라,
열정이 우리를 살아남게 만들 것이다.

더불어 배워가는 것이
인생이다

누군가에게 이야기를 한다는 것은 참으로 어려운 일입니다. 젊은 사람들을 상대로 할 때는 특히 그렇습니다. 애써서 준비를 한다 해도 반드시 귀 기울여 주는 건 아니기 때문입니다.

다른 사람의 마음을 움직일만한 이야기라는 게 어쩌다 한번이라면 모르지만 그렇게 자주 할 수 있는 건 아닙니다.

나는 여학교 교사입니다. 20년 이상에 걸쳐 아침과 방과 후, 특별활동 시간에 이야기를 해 왔습니다. 어떤 때는 학생들로부터 욕을 얻어먹기도 했습니다. 또 어떤 때는 마땅한 화제가 없어서 필요한 사항만 전달하고 얼른 돌려보냈습니다.

중고생을 상대로 이야기를 한다는 것이 애당초 무리다 생각하며 스스로를 타이르기도 했습니다. 하지만 결국 자신 안에 공허함이라고나 할지 서글픔 같은 것이 남는 것은 변함이 없었습니다.

몇 년 전이었을 겁니다. 나는 학생들이 없는 교실 창가에서 아무 생각 없이 바깥을 바라보고 있었습니다. 그때 문득 이런 생각이 들더군요.

'시시한 이야기를 하면서 1년을 보낼 수도 있고, 멋진 이야기를 해도 역시 1년은 지나간다. 모두가 똑같은 자신의 인생이 아니겠는가. 이야기를 들어주지 않는다고 초조하게 생각한들 아무것도 나을 게 없다. 그렇다면 적어도 나 자신이 납득할 수 있는 이야기를 해보면 어떨까.'

그래서 우선 내가 평소 이야기하는 사항을 메모해 보았습니다. 매일 학생들에게 했던 이야기를 한두 줄의 메모로 써서 남긴 것입니다. 많이 쓰면 금방 지치게 되므로, 아주 짧게 요점만 쓰는 것이 포인트입니다.

그러고는 이렇게 생각했습니다.

'이제부터는 내가 하고 싶은 이야기가 아니라 내가 누군가에게서 듣고 싶은 이야기를 하면 좋겠다. 내 자신이 듣고 싶은 이야기란 어떤 것이 있을까?'

그래서 먼저 당장 할 수 있는 말을 해 보기로 했습니다. 그리고 '내가 했던 말을 메모할 게 아니라, 메모로 남기고 싶은 이야기를 해 보자'로 발상을 전환시켰습니다.

메모하고 싶은 내용을 이야기한다는 것은 누군가에게 들려주고 싶은 내용만을 골라 이야기한다는 의미입니다.

그러나 막상 해보니 처음에는 제대로 되지 않았습니다. 좀처럼 습관에서 벗어날 수가 없었습니다. 걸핏하면 잔소리나 설교가 되고 말고, 간혹 바쁠 때는 임기응변의 이야기로 얼버무리곤 하였습니다.

최고의 이야기라고 생각해 소개했는데, 학생들이 전혀 들어 주지 않을 경우 화가 나기 시작하고 또다시 설교가 됩니다. 그러고는 다음날은 화가 난 자신의 어리석음에 대해 반성해보기도 했습니다.

그런데 그런 갈등을 계속하는 동안 재미있는 사실을 깨달을 수 있었습니다. 자신이 차츰 변화해 간다는 느낌을 받았으며, 어느새 같은 말을 반복하지 않게 되었습니다.

점점 교실에 들어가는 게 즐거워지기 시작했습니다. 물론 가끔 언짢을 때도 있었습니다. 그러나 이러한 깨달음이 있고나서부터는 잔소리가 훨씬 줄었습니다.

그리고 무엇보다 기뻤던 것은 정작 이야기를 하는 본인이 가장 큰 공부가 되었다는 사실입니다. 학생을 잘 지도하겠다는 생각이 사실은 나 자신을 위한 공부가 되었던 것입니다.

만약 내 이야기가 학생들에게 아무런 영향도 주지 못했더라도 내게 있어서는 매우 유익했습니다. 이것은 신선한 발견이고 놀라움이었습니다.

묘한 일이지만 그 무렵부터입니다.

"오늘 이야기 너무 좋았어요." 하고 학생들에게서 격려를 받게 된 것입니다. 또 가끔은 학생들이 "오늘 이야기는 좀 싫었어요." 하고 가르쳐 줄 때도 있었습니다.

누군가에게 이야기를 한다는 건 사실 자신을 되돌아보는 일입니다. 서로 함께 격려하는 일입니다.

그렇게 생각하자 언짢게 여겨졌던 주위 사람들의 결점도 재미있는 이야기 소재로 보이기 시작하는 것이었습니다.

그리고 그 결점은 물론 자신 안에서도 발견합니다. 그래서 심하게 꾸중을 할 수가 없습니다. '더불어 배운다'라는 것은 바로 이런 걸 말하는 것인지도 모릅니다.

이 책은 최근 몇 년 동안의 이야기를 모은 것입니다.

'자신'과 '인생'에서부터 '지혜로운 삶'과 '아름다운 삶' 그리고 '인간관계'와 '사물' 및 '공부'에 이르기까지 일곱 항목으로 크게 나누어 놓았지만, 순서에 관계없이 아무 데나 적당한 곳을 펼쳐서 읽어도 좋을 것입니다.

고교생을 염두에 두고 말한 것이지만 앞에서도 말했듯이 나 자신을 향해 이야기하는 측면도 있습니다. 이야기의 내용은 중학생이라도 쉽게 이해할 수 있으며, 어른에게도 좋은 참고가 될 것입니다.

이 책을 읽는 젊은이들이 조금의 지혜라도 얻게 된다면 내게는 더없이 기쁘고 보람 있는 일이 될 것입니다. 여러분의 건투를 빕니다.

--사토 에이분

목차

인간관계에 대하여: 담대하게 살아라

지혜로운 삶에 대하여:삶은 선택이다

공부에 대하여: 꿈은 이루어진다

자신에 대하여
'나'를 사랑하자

자신을 객관적으로 바라본다는 건 참으로 어렵습니다.

하지만 그건 자신에 대해서만이 아닙니다.

사실은 다른 사람을 평가하는 일도 매우 어렵습니다.

진정한 자신, 이것은 평생을 걸러 찾아야 하는 것인지도 모릅니다.

어쩌면 죽을 때까지 찾지 못할지도 모릅니다.

그렇지만 가장 자기답게 사는 것이

진정 자신을 소중하게 여기는 일이라면,

최선을 다해 그렇게 살겠다고 결심할 수는 있을 것입니다.

자신의 가치와 능력을
인정하자

여러분은 자신의 가치를 알고 있습니까? 자신의 존재가 모든 사람에게 얼마나 도움이 되는지 그리고 도움이 될 수 있는지, 그런 생각을 해본 적이 있습니까?

자신을 객관적으로 바라본다는 건 참으로 어렵습니다. 하지만 그건 자신에 대해서만이 아닙니다. 사실은 다른 사람을 평가하는 일도 매우 어렵습니다.

그러니까 너무 심각하게 생각하지 말고 가벼운 마음으로 스스로를 살펴보기 바랍니다.

젊을 때(때로는 나이를 먹어도 마찬가지지만)는 무조건 크게 혹은 반대로 극단적으로 작게 자신을 평가하는 경향이 있습니다.

'나는 정말 예뻐' 하고 생각하지만 혼자만의 생각일 뿐 다른 사람은 아무도 그렇게 생각하지 않는 경우가 종종 있습니다.

그러면 '세상 사람들은 어째서 나를 미인으로 인정을 해 주지 않는 거야? 이건 틀림없이 세상이 잘못된 거야.'라는 식으로 생각이 비뚤어집니다.

하지만 진정한 자신의 가치를 아는 것과 거만한 것은 다릅니다.

전에 무슨 일이 있어도 일류 대학에 들어가겠다고 고집을 부리던 학생이 있었습니다.

내가 보기엔 도저히 무리인 것 같았습니다. 하지만 그 학생은 아무리 충고를 해도 듣지를 않았습니다. 아니, 말을 귀담아 듣기는커녕, "선생님은 내가 합격하지 못하도록 방해만 하고 있다."라고 말을 하더군요.

마침 공교롭게도 동급생 가운데 그 학교 입학이 결정된 아이가 있었습니다. 그것을 본 그녀의 반응은 실망스럽기 그지없었습니다. 그 아이는 실력은 없지만 집이 부자이기 때문에 받아 주었을 것이라고 굳게 믿더군요. 그렇지 않다고 아무리 타일러도 그녀는 의심을 버리지 않았습니다.

이러한 감정은 누구에게나 있습니다. 내 경우라면, 나는 게벌레(절족 동물의 일종) 연구를 열심히 했다, 그러니 온 나라 사람들이 게벌레에 더욱 관심을 가져 주면 좋지 않은가! 그런 식으로 생각하게 됩니다.

그러다가도 어쩌다 칭찬을 좀 받기라도 하면, '과연 세상은 나를 제대로 평가해 주고 있구나' 하고 뛸 듯이 좋아합니다. 채신없이, 또 세상이 아주 틀려먹은 건 아니구나 하고 괜히 관대한 마음을 갖기도 합니다.

자신을 타일러야 합니다. 자신에 대해 높이 평가하고 있는 점에 관해서는 그것을 절반으로, 아니 좀더 평가 절하해서 생각해야 하고, 반대로 다른 사람의 좋은 점에 관해서는 두 배 이상으로 평가해 주어야 합니다.

상대의 겉으로 드러난 훌륭한 면은 빙산의 일각에 지나지 않는다고 생각하도록 노력해야 합니다.

물론 이것은 자신을 비하하라는 말이 결코 아닙니다. 자신에 대한 지나친 과소평가는 자신감을 앗아갑니다. 나는 쓸모없는 인간이라는 열등감에 빠져서는 절대 안 됩니다. 아무튼 자신을 정당하게 평가하기란 어렵습니다.

중요한 것은 자신의 능력을 믿고, 나아가 그것을 잘 활용할 수만 있다면 믿을 수 없는 힘을 발휘할 가능성을 여러분은 갖고 있다는 사실입니다.

그러므로 그런 자신을 발견하도록 노력해야 합니다.

어차피 나는 이 정도니까 하고 낮게 평가하여 거기에 안주해버리고 게으름을 피우기엔 인생이 너무 짧습니다.

자신의 가능성을 알게 된다면, 그저 놀고 있을 수만은 없을 것입니다.

책을 읽는 젊은이에게
중요한 것은 자신의 능력을 믿어라.

'나'의 탄생과 존재에 감사하자

지금 이 세상에 존재하는 생물들은 모두 탄생에서부터 현재까지의 '자신의 역사'를 등에 지고 있습니다.

우리 인간같이 고도로 진화한 생물에서부터, 세균처럼 단순한 것에 이르기까지 세상 모든 생물은 똑같은 길이의 역사를 지니고 있는 것입니다.

우리가 지금 살아가는 이 무대 뒤에는 한 번도 끊어진 적이 없는 '생명의 역사'가 존재하고 있습니다. 여러분, 굉장하다고 생각되지 않습니까?

어떤 생명체든 만약 어느 단계에서 다른 동물에게 먹혔거나 질병으로 인해 자손을 남기지 못했더라면, 그것으로 더 이상 자신의 유전자는 영원히 전하지 못하게 되는 것입니다.

재미있는 얘기를 하나 해드릴까요?

어떤 사람이 생명 탄생이 일어나는 확률을 계산했습니다. 그랬더니 생명이 지구상에 우연히 탄생할 확률은, 침팬지가 타자기를 아무렇게나 치다가 셰익스피어의 명작을 그대로 쳐낼 확률보다 더 낮다고 합니다.

가령, 그 유명한 햄릿의 명언 'To be or not to be'가 있지요. 침팬지가 장난으로 그 처음 단어 'T'와 'O'를 칠 확률은 알파벳 26글자 × 0.5입니다. 이렇게 계산하다 보면, 이미 이 문장만으로도 천문학적 숫자가 됩니다. 그러니 한 작품을 만들 확률은 제로가 몇 개 붙는지 도저히 실감할 수 없을 정도라는 것을 알 수 있을 것입니다.

이 계산이 맞는지 틀리는지는 차치하고라도, 아무튼 이 지구상에 생명이 태어나 자란 배경에 굉장한 역사가 숨어 있다는 것은 부인할 수 없는 사실입니다.

그런 식으로 유추해 보면, 현재 자신이 여기 존재한다는 사실 자체가 눈이 아득할 정도로 낮은 확률과 오랜 투쟁의 역사 끝에 살아남은 결과라는 것을 알 수 있을 것입니다.

'개복치'라는 이름의 물고기는 한 번에 무려 1억에서 2억의 알을 낳는데, 그 중에서 어른이 되어 다음 세대에 자손을 남기는 것은 몇 마리에 불과하다고 합니다.

'개복치와 인간은 다르잖아? 사람은 그런 식으로 많이 죽지는 않아요.' 하고 생각할지 모릅니다. 분명 인간이 태어난 후 죽는 확률은 그보다는 훨씬 낮습니다.

하지만 정자와 난자가 수정될 때의 확률은 개복치 이하입니다. 난자와 어떤 특정한 정자가 만날 확률은 대개 1억 분의 1 이하이니까요.

정자가 조금만 달라도 지금의 자신과는 전혀 다른 얼굴과 성격의 사람이 되는 것입니다.

이렇게 생각하면, 인생은 단순히 자기만의 것이라고 단정할 수 없다는 생각이 듭니다.

파스칼은 인간이 무한하게 작은 것과 무한하게 큰 것 중간에 존재한다고 말했습니다.

그렇다면 모든 생물은 무한의 과거를 짊어지고, 무한의 미래를 향해 나아가는 존재라고, 바꾸어 말할 수 있지 않을까요?

책을 읽는 젊은이에게

스스로의 싸움은 반드시 존재하고 거기에서 이겨야 한다.

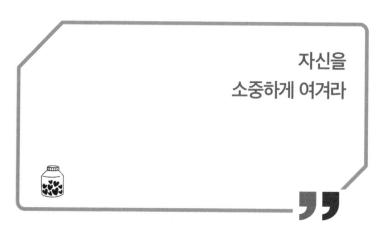

자신을
소중하게 여겨라

진정한 자신의 모습이란 무엇일까?

여러분은 이 질문에 답할 수 있습니까? 너무 어려워 간단히 정의 내릴 수 없을 것입니다.

하지만 모두들 한 번쯤은 경험해 보았을 것입니다. '이게 나다'라고 생각하고, 한편으로는 자신의 모습을 냉정하게 바라보고 있는 자신의 존재가 느껴지는, 그러다 보면 어느 것이 진짜 자신인지 종잡을 수 없게 되는 그런 순간을 말입니다.

이 문제를 계속 파고들면 혼란만 가중시킬 테니 이쯤에서 그만두겠습니다.

대신 여기서는 단순히 '스스로 멋지다고 생각하는 삶을 살고 있을 때'의 자신을 진정한 자신이라고 정의해 두겠습니다.

나는 지금까지 40여 년을 살아오는 동안 진정한 자신의 모습을 소중히 여기라고 강조하신 선생님을 두 분 만나 보았습니다. 모두 대학 때였습니다.

한 분은 '자애, 자존, 자경, 자신감'이라는 말을 자주 사용하셨습니다.

자존이라고 하면 자존심이 강한 사람을 떠올리겠지만, 그 분은 그런 의미로 사용한 것이 아니었습니다.

자신을 존중하지 못하는 사람은 큰일을 해낼 수 없으니, 우선 자신을 존경하고 소중하게 여길 줄 알아야 한다는 의미였습니다.

진정한 자신을 존경한다는 것은 의외로 무척 어렵습니다.

자만하거나 우쭐거리지 않고 본래의 자신을 존중할 수 있는 사람이란 '산다는 것'에 대해 어느 정도 알고 있는 사람이라고 해도 좋을 것입니다.

또 한 분은 내가 공부를 계속해야 할지 말지 망설이고 있을 때 상담을 해 주셨던 분입니다.

그 분 역시, 무엇보다도 '자신을 소중하게 여기라'고 말씀하셨습니다.

자신의 체험을 토대로 한, 마음까지 따뜻해지는 충고였습니다. 그 분은 자신이 하고 싶은 일을 충실하게 하며 사는 것이 좋다고 말씀하셨습니다.

부모님에게 학비 부담을 지우는 것이 두려워 주저하고 있던 저를 꿰뚫어 보셨던 겁니다.

자신이 정말로 하고 싶은 일이란, 하느님이 자신에게 부여한 사명일 것입니다.

그 분 덕분으로 저는 진학을 하기로 결심을 하였습니다. 그것이 과연 내 인생에 있어서 한 획을 그을 만큼 유익했는지 자신할 수는 없습니다.

하지만 현재의 내가 있는 것은 과거에 나를 소중히 여겼기 때문이라고 생각합니다.

진정한 자신, 이것은 평생을 걸려 찾아야 하는 것인지도 모릅니다. 어쩌면 죽을 때까지 찾지 못할지도 모릅니다. 대철학자 공자도, "나 아직 생을 모르오." 하고 말했으니까요.

위인이라 일컬어지는 사람들의 위대한 일생을 흉내 낼 필요까지는 없습니다. 그리고 흉내 낼 수도 없습니다.

하지만 가장 자기답게 사는 것이 진정 자신을 소중하게 여기는 일이라면, 최선을 다해서 그렇게 살아야겠다고 결심할 수는 있을 것입니다.

평소의 자신을 되돌아보면 한심하다는 생각이 들겠지만, 그럴수록 더욱 노력해서 진정한 자신을 찾아야 합니다.

책을 읽는 젊은이에게
절대적으로 자신을 믿자.

자신의 얼굴에
책임을 져라

자기 얼굴에 책임을 지라는 말에, 부모로부터 물려받은 얼굴을 어쩌란 말이냐고 반박하는 소리가 들리는 듯합니다. 하지만 그렇게 말하면서도 모두들 날마다 거울을 들여다봅니다. 개중에는 화장을 하거나 눈썹을 예쁘게 손질하는 학생들도 있지요.

내가 오늘 말하고 싶은 건, '얼굴 윤곽이 예쁜' 미인에 관한 것이 아닙니다. 물론 미인이면 세상을 사는 데 도움이 되겠지요. 그것은 분명한 사실입니다. 하지만 오늘의 테마는 그것과는 약간 다릅니다. 조금이라도 친근감이 있는, 부드럽고 온화한 얼굴이 되자는 것이니까요. 심술궂고 짜증스런 표정으로 가득한 얼굴은 곤란합니다.

얼굴의 기본적인 윤곽은 대개 유전에 의해 정해집니다. 그러나 표정, 눈짓, 얼굴 전체에서 발하는 빛과 같은, 그 사람에게서 풍기는 분위기는 인격에 의해 만들어지는 것입니다.

예를 들어, 조직 폭력배 같은 사람을 생각해 보십시오. 그들은 가까이 가기에도 무서운 눈초리를 하고 있지요. 그건 평소의 언행으로 얻어진 결과일 것입니다. 잘은 모르지만, 살인을 많이 하면 눈의 동공이 작아진 다고 합니다. 그래서 눈초리가 날카롭게 보이는 모양입니다.

어쨌든 대부분의 사람들은 겉모습을 가꾸는 데에만 신경을 씁니다. 여성들이 화장을 하는 것도 결국은 겉모습을 아름답게 만들기 위해서 지요.

여러분 가운데에도 항상 거울을 마주하고 노려보거나 눈썹 모양을 예쁘게 만들려고 하나씩 뽑는 사람들이 있을 겁니다. 그러나 이런 외면적인 얼굴은 사람을 빛나게 하는 매력이 없습니다.

이제 내면적으로 풍기는 분위기로 만들어진 얼굴을 생각해 보기로 합시다. 내면적인 아름다움을 지니기란 참으로 어렵습니다. 내면의 성숙은 화장과는 달리 효과가 눈에 띄게 드러나는 경우가 매우 적습니다. 공부를 조금 했다고 해서 금방 영리해 보이지 않는 것처럼 말이죠.

하지만 멋진 삶을 영위하는 사람의 표정은 어딘가 다릅니다. 눈빛을 보면 알 수 있습니다.

만족스런 삶을 향유하고 있거나 희망을 갖고 적극적으로 살아가는 사람들의 눈동자는 반짝반짝 빛이 나기 마련입니다.

책을 읽는 젊은이에게
자기 자신을 알되 자기 자신밖에 모르면 안 된다.

자신만의
키워드를 찾아라

여기서 말하는 키워드란 '자기 나름의 입장'이라고 바꾸어 말할 수 있겠습니다.

좀더 설명하자면, 입학시험 같은 데서 면접을 받거나 소논문 시험이 있을 때, 해답을 찾는 포인트는 자기 나름의 생각하는 관점, 또는 착안점입니다. 나는 그렇게 생각합니다.

나는 여기서 그 관점을 키워드라고 말하고 싶습니다. 자신의 키워드를 찾아봅시다.

나 자신에 대한 이야기라 좀 쑥스럽지만 대학입학 때였습니다. 입학시험 가운데 면접과 소논문이 있었습니다.

그 무렵 나는 자연보호에 열중하고 있었습니다. 매일 집 근처 산에 오르면서 꽃이나 새를 관찰하느라, 이른바 수험 공부라고는 하나도 하지 않았지요. 그 무렵에는 진심으로 자연을 지키겠다는 비장한 결심을 하고 있었습니다.

나는 면접 때도 그런 내용을 중심으로 말했습니다. 면접을 하던 선생님으로부터 "왜 이 학교와 이 학부를 선택했는가?"라는 질문을 받고 평소부터 생각하던 자연 보호에 대한 나의 의견을 말했던 것입니다. 그리고 그에 대한 열정을 토로했습니다.

소논문에서도 제시된 테마는 자연 보호와 딱히 관계가 없었습니다. 하지만 나는 억지로 꿰어 맞추는 식으로 나가다가 마지막에는 전부 자연 보호 이야기로 끌고 가 버렸습니다.

합격한 것이 그 때문인지 아닌지는 모릅니다.

하지만 내 나름대로 해야 할 일을 한 듯한 만족감이 있었던 것만은 확실합니다.

덧붙여 아들이 고교 입학시험을 치를 때의 이야기입니다.

면접 선생이 아들에게 물었습니다.

"학생의 가장 뛰어난 장점은 뭐라고 생각합니까?"

"예, 끈기라고 생각합니다."

"그렇군요. 그러면 가장 나쁜 점은 뭐라고 생각합니까?"

"예, 지나치게 끈질긴 점이라고 생각합니다."

면접 선생은 아들의 대답에 웃었다고 합니다.

이 경우도 '일관된 입장'이라는 키워드를 사용한 것이 확실합니다. 이 입장이 적중한 건지 아무튼 아들은 어찌어찌 합격했습니다.

누군가와 좀 길게 이야기를 나누다 보면 그 사람이 평소 무엇을 생각하고, 어떤 가치관을 갖고 있는가를 어느 정도는 알게 됩니다.

나쁜 점은 감추어 두면 잘 보이지 않지만 훌륭한 일을 하는 사람의 장점은 저절로 가슴에 와 닿습니다.

그런 사람들은 분명 나름대로 이야기에 힘이 들어 있고 박력이 있기 때문입니다.

그런 에너지는 하루아침에 갑자기 만들어지는 게 아닙니다. 일상적인 훈련이라고 할지, 아무튼 계속 생각하고 있기 때문에 가능한 일입니다.

어떻습니까. 여러분? 지금부터 자기 나름대로의 키워드를 찾아두는 것은요.

그리고 그에 대해서는 누구에게도 지지 않겠다는 각오로 연마해 두십시오. 인생의 어느 시점에선가 분명 여러분에게 도움을 줄 것입니다.

책을 읽는 젊은이에게
생각하는 대로 살지 않으면 사는 대로 생각하게 된다.

> ## 다른 사람이 보고 있지 않을 때
> ## 그 사람의 진면목이 드러난다

한 동화작가가 쓴 『아이누 마을의 휘파람』이라는 감동적인 소설이 있습니다.

아주 오래 전에 읽은 책이라 정확히 기억은 나지 않습니다만, 여기에 잠시 내용을 소개합니다.

한 소년이 강가에서 연어를 잡고 있었습니다. 한데 마을의 장로였던 노인에게 그만 들키고 말았습니다. 소년은 노인에게 애원합니다.

"아무도 보지 않으니 눈감아 주세요."

하지만 노인은 다음과 같이 말하며 단호히 거절합니다.

"넌 아무도 보지 않는다고 하지만, 내가 보고 있지 않느냐? 아니, 너 자신도 보고 있다. 그리고 무엇보다 하느님이 내려다보고 계시다."

대화의 내용은 대충 위와 같습니다.

그때 내 가슴에 깊이 파고든 것은 '하느님이 보고 계시다'는 말이었습니다.

여러분은 어떤 일을 할 때 하느님이 내려다보고 있다고 생각하고 행동한 적이 있습니까?

대부분 우리들은 그런 생각을 않고 삽니다. 우리가 생각하는 도덕 기준은 곧잘 보기 싫으니까, 부끄러우니까, 남의 눈이 두려우니까 하는 정도일 것입니다.

그래서 간혹 남이 보고 있지 않으면 무슨 짓을 해도 괜찮다는 식으로 행동하지요.

하지만 실은 아무도 보고 있지 않을 때 그 사람의 진정한 가치가 드러나는 것입니다. 물론 이런 경우, 판단하는 사람은 바로 자기 자신이지요.

'하느님'이라는 종교적이고 형이상학적 가치관은 갖지 않더라도 자신의 양심이 지켜보고 있다는 생각만은 잊지 말아야 합니다.

그를 위해서는 자신의 가치 기준을 항상 돌이켜보지 않으면 안 됩니다. 사람이란 부족한 존재이기에 늘 세상의 건전한 상식과는 터무니없이 동떨어진 기준을 세울 위험이 있기 때문입니다.

저는 가치관이란 자기가 하고 싶은 일을 하는 것을 뜻한다며 뭐든 제멋대로 하려고 하는 학생들을 종종 봅니다. 그리고 그것을 자신만의 개성이라고 생각합니다.

물론 사람에 따라 가치관은 다릅니다. 하지만 그 차이는 남에게 피해를 주지 않는 범위 내에서 이루어져야 하는 것입니다.

이것이 안 될 경우, 주위 사람들은 그것을 보고 모두들 어이없어 합니다. 사람들에게 웃음거리가 되고 있다는 사실을 모르는 건 본인뿐이죠.

중학교 시절, 교과서와 노트를 책상 위에 펼쳐 놓고 몰래 만화책을 본적이 있습니다. 어머니가 들여다보러 오시는 기척이 있으면 얼른 책을 감추고 공부하는 척 했지요.

어머니는 그것도 모르시고, "열심히 공부하는구나." 하면서 간식을 놓고 가시기도 했습니다. 이 버릇을 고치느라 참으로 오랜 시간이 걸렸습니다.

그러고 보니 지난번 제 책상 위에 살짝 꽃을 놓아두고 간 학생이 있었습니다. 그 학생은 내가 지금 말하고자 하는 일을 이미 실천하고 있는 것입니다.

책을 읽는 젊은이에게
아무도 보고 있지 않을 때 사람의 진정한 가치가 드러나는 것이다.

'시간도둑'이란 바로 자기 자신이다

미카일 엔데의 유명한 작품 『모모』를 읽은 사람이 많을 것입니다. '시간 도둑'이라는 부제가 붙어 있지요.

1년여 전, 내게 진로 상담을 하러 온 학생이 있었습니다. 고3 여름이었습니다. 지금 시점에서는 충고할 말이 없으니, 할 수 있는 만큼만 하라고 말해 주었습니다.

그리고 겨울 방학이 가까워질 무렵 그 학생은 다시 나를 찾아왔습니다.

"선생님, 아무리 열심히 해도 시간이 모자라요. 끝내야 할 과목을 계산해 보니 입시까지는 절반밖에 끝내지 못할 것 같은데, 선생님, 전 어떻게 하면 좋아요?"

어떻게 할지를 물어 봐야 이미 때는 늦었습니다.

그녀는 그때까지는 느긋하게 즐기며 적당히 시간을 보내고 있었던 것입니다.

목적도 아무것도 없이 그저 친구와 왁자지껄 노는 재미에 시간 가는 줄 모르고 지내던 어느 날 자신을 돌아보고는 깜짝 놀랐습니다.

시간 낭비, 이것이 결국 엔데가 말하는 '시간 도둑'이 아니고 무엇이겠습니까. 시간을 야금야금 훔친 도둑은 다름 아닌 바로 자기 자신입니다.

문득 어제의 나를 생각해 봅니다.

저녁에 집에 돌아가서 아무 생각 없이 텔레비전을 켜고, 피곤하다며 아무 의미도 없는 프로그램을 아무 생각 없이 봅니다. 그러는 동안 한 잔 하고 싶어져서 술을 한 잔 마십니다. 이 한 잔에 의해 기분이 호탕해져서 두 잔, 세 잔으로 거듭됩니다. 저녁식사를 하고 욕조에 몸을 푹 담그면 나른하게 졸음이 오고, 그것으로 그날의 일과는 끝입니다.

그리고 다음날 아침, '아, 어제 저녁 시간을 또 헛되이 보내고 말았구나. 좋아, 오늘은 뭔가 해 보자.' 그러면서 다시 똑같은 일을 반복합니다.

시간 도둑이 사실은 자기 자신이라는 것을 이럴 때 깨닫게 되는 것입니다. 그렇습니다. 고대 로마의 철인은 다음과 같은 의미의 글을 남겼습니다.

"누구나 돈이나 물건은 아까워하며 남에게 주려고 하지 않는다. 그런데 시간만은, 가장 귀중한 시간만은 정말 인심 좋게 뿌리고 다닌다."

이런 내용이었다고 기억합니다.

매일 그런 생활을 해야 되겠습니까?

매일 반성만 하는 동안 인생은 끝나 버립니다.

젊음이 먼 과거가 되었을 때 한탄해 봐야 때는 늦습니다.

모모는 이렇게 가르쳐 줍니다. '아주 약간의 용기'만 있으면 그것은 극복할 수 있다고요.

"반짝반짝 빛나는 그런 인생을 보내고 싶다."

먼 곳을 바라보면서 이런 이야기를 한 노인을 만난 적이 있습니다. 하지만 그는 이미 이 세상에 없습니다.

책을 읽는 젊은이에게
미래를 잡기 위해선 지금을 잡아야 한다.

자신의 본성을
거울에 비춰보자

모리노부(森敦)라는 작가가 있습니다. 이미 작고했지만 내가 아주 좋아하는 작가입니다.

10년 동안은 일해서 돈을 모으고, 그 후 10년 동안은 좋아하는 일을 하면서 보내는, 매우 독특한 인생을 산 사람입니다.

이 사람이 『홍당무』라는 명작에 대해 언급한 내용이 인상적이었기에 소개합니다.

그 명작은 어떻게 탄생했는가?

그것은 작가가 어릴 때 따돌림을 당하던 아이였기에 가능했습니다.

사람은 자기보다 약한 입장에 있는 사람을 괴롭힐 때 그 본성이 드러납니다. 작가는 자신을 괴롭히는 사람의 본성을 관찰하며, 인간이란 무엇인가를 계속해서 생각했을 것입니다.

그렇게 해서 탄생한 작품이 『홍당무』입니다.

여러분도 거울에 비친 겉모습의 자신이 아니라 본성을 잘 생각해 보아야 합니다. 상대를 무시할 때, 무시하는 사람의 가장 추한 모습이 그곳에 드러납니다.

거울을 생각해 봅시다.

"거울아 거울아, 세상에서 누가 제일 이쁘지?" 하고 물은 왕비는 백설 공주라는 대답에 화를 내지요.

저는 이런 식으로 이야기할 수 있는 마법의 거울보다는 마음을 비춰 주는 거울이 더 좋을 것 같습니다.

책을 읽는 젊은이에게

자신의 본성이 어떤 것이든 그에 충실하라.

하버드대학교 도서관의명언

1. 지금 잠을 자면 꿈을 꾸지만 지금 공부하면 꿈을 이룬다.

2. 내가 헛되이 보낸 오늘은 어제 죽은 이가 갈망하던 내일이다.

3. 늦었다고 생각했을 때가 가장 빠른 때이다.

4. 오늘 할 일을 내일로 미루지 마라.

5. 공부할 때의 고통은 잠깐이지만 못 배운 고통은 평생이다.

6. 공부는 시간이 부족한 것이 아니라 노력이 부족한 것이다.

7. 행복은 성적순이 아닐지 몰라도 성공은 성적순이다.

8. 공부가 인생의 전부는 아니다. 그러나 인생의 전부도 아닌 공부 하나도 정
   복하지 못한다면 과연 무슨 일을 할 수 있겠는가?

9. 피할 수 없는 고통은 즐겨라.

10. 남보다 더 일찍 더 부지런히 노력해야 성공을 맛 볼 수 있다.

11. 성공은 아무나 하는 것이 아니다. 철저한 자기 관리와 노력에서 비롯된다.

12. 시간은 간다.

13. 지금 흘린 침은 내일 흘릴 눈물이 된다.

14. 개같이 공부해서 정승같이 놀자.

15. 오늘 걷지 않으면, 내일 뛰어야 한다.

16. 미래에 투자하는 사람은 현실에 충실한 사람이다.

17. 학벌이 돈이다.

18. 오늘 보낸 하루는 내일 다시 돌아오지 않는다.

19. 지금 이 순간에도 적들의 책장은 넘어가고 있다.

20. 고통이 없으면 얻는 것도 없다.

인생에 대하여
꿈을 크게 가져라

꿈을 지닐 바에는 원대한 꿈을 지니십시오.

남들이 터무니없다고 비웃어도 좋습니다.

이루어질 것 같지도 않은 무모한 꿈을 꾸는 것은

젊은이만의 특권이니까요.

그리고 일단 꿈을 정했으면 철저하게 온 몸을 내던져서

그 꿈을 이루기 위해 노력해 봅시다.

설령 그 꿈이 모두 이루어지지 않아도 좋습니다.

다른 사람에게 웃음거리가 되거나 무시당했다고 해도

그것은 중요하지 않습니다.

그들이 여러분의 인생을 대신 살아 줄 수는 없으니까요.

> ## 얼마나 오래 사느냐 보다는
> ## 어떻게 사느냐가 더 중요하다

사람들은 너나 할 것 없이 오래 사는 것이야말로 가장 복 받은 인생이라고 생각합니다.

물론 맞습니다. 사실, 누구라도 죽고 싶지는 않겠지요. 특히나 소중한 사람들을 잃어 본 뼈아픈 경험이 있는 사람들은 더욱더 그러할 것입니다.

그래서 사람들은 '죽는 건 손해다. 살아남는 게 최고다'라고 믿게 되었습니다. 물론 이것 역시 옳은 말입니다. 헛된 죽음은 누구에게도 결코 용납되지 않기 때문입니다.

하지만 때로 생각해 봅니다. 세상에 아무런 도움도 주지 못하면서 그저 빈둥거리며 오래만 사는 것이 과연 좋은 일일까요?

남녀노소를 막론하고 솔직한 심정을 말하자면, 절대로 죽고 싶은 사람은 없을 것입니다.

자신의 인생이 아무리 하찮을지라도, 비록 다른 사람에게 폐만 끼치는 인생일지라도 죽고 싶지는 않을 것입니다.

하지만 그렇다고 해서 오래 살고 싶다는 욕망만으로 오래 살아가는 것이 최선일까요?

그리스도는 서른 남짓한 아까운 나이에 십자가형에 처해졌습니다. 그가 실질적으로 대중 앞에서 활약한 기간은 불과 1년 남짓이지만, 그 짧은 기간 동안에 세계 종교로서의 기독교의 기틀을 완성한 것입니다.

모차르트와 슈베르트도 비슷한 나이에 세상을 떠났습니다. 하지만 젊은 나이에 훌륭한 작품을 많이 남겼습니다. 19세기 프랑스의 뛰어난 수학자 갈루아도 20대 초반에 죽었다고 합니다.

물론 훌륭한 일을 하면서 오래 살았던 사람들도 많이 있지요. 석가모니가 그 중 한 사람일 것입니다.

내가 말하고 싶은 것은 인생이 얼마나 길었는가 혹은 짧았는가가 아니라, 얼마나 질 높은 일생을 보냈는가가 보다 더 중요하다는 것입니다.

현대 사회에서는 시대 상황이 과거와 달라서 다이내믹한 삶을 보내기는 매우 어려울 것입니다.

하지만 천재와 범인(凡人)은 처음부터 그 역량이 다르기 마련이죠. 그래서 저는 여러분이 가능한 한 질 높은, 알찬 인생을 보내길 바랍니다.

인생의 질은 잘 평가가 되지 않습니다. 그만큼 평가하기가 어렵기 때문이죠.

느긋하게 낮잠을 자는 것과, 똑같은 시간에 공부하는 것 중 어느 것이 좋을까요? 이것은 매우 복잡한 문제라서 일률적으로 평가할 수는 없을 것입니다.

하지만 만약 당신에게 뭔가 인생의 목표가 있다면, 그 목표를 향해 전력을 다하는 질 높은 삶을 살아가야 하지 않을까요?

질이 높은 삶이란, 우선 '스스로 납득할 수 있는 삶'이라고 정의해도 좋을 것입니다. 만족이 아니라 납득입니다.

친구와 온종일 얘기를 나누면 만족은 할 것입니다.

그러나 아무 일도 하지 않은 채 하루가 끝났다면 납득할 수 있겠습니까?

책을 읽는 젊은이에게
이웃에게 폐를 끼치기 않고 도움과 덕이 되게 살아라.

인생이란 우연에서 필연을
깨닫는 과정이다

나는 '해후'라는 단어를 참 좋아합니다.

내가 여러분과 왜 만났을까요?

우리가 만난 건 우연일까요, 아니면 필연일까요?

자신이 세상에 태어난 사실에 신기한 감정을 품지 않은 사람은 없을 것입니다.

그러나 행복한 별 아래서 태어났든, 불행한 별 아래서 태어났든, 우리는 무한의 과거와 무한의 미래 사이를 잇는 지금 여기에 존재하고 있습니다.

그리고 다양한 사람을 만납니다. 이것 역시 매우 신기한 일이지요. 그렇게 생각하지 않나요?

우연히 태어났다고 생각하든 필연적으로 태어났다고 믿든, 그건 각자의 자유입니다. 나도 두 가지를 다 생각할 때가 있습니다.

조금 냉정하게 자신의 인생을 돌아보면 다음과 같은 느낌을 받게 됩니다.

'사람은 우연하게 태어난다. 하지만 살아가는 동안 그것이 필연이라는 것을 이해한다. 인생이란 이렇듯 우연에서 필연을 깨닫는 과정이다'

어떻습니까? 여러분은 이 뜻을 이해하겠습니까?

예를 들어, 누군가가 친구의 권유에 의해 억지로 선을 보러 갔다고 칩시다. 한데 상대에게 호감을 느끼고 흥미를 갖게 됩니다. 그리고 마침내 사랑에 빠지게 되어서, '이제 이 사람 없이는 살아갈 수 없어'하고 생각하게 됩니다.

다른 사람이 이를 비웃어도, "그는 나의 모든 것"이라는 낯간지러운 소리를 정말 진지하게 합니다.

다시 말해 그가 인생 자체가 되는 것입니다. 이렇게 되면 그와의 만남을 자신의 인생에 있어서의 운명적인 만남이라고 생각하겠지요. 즉 우연이 필연으로 바뀐 것입니다.

취미생활이나 학문, 예술, 스포츠 등에 대해서도 같은 말을 할 수 있습니다.

처음에는 단지 다른 사람보다 점수가 좋아서 시작한 영어 공부가 나중에는 정말로 재미있어져서, 이윽고 영어 없이는 인생이 의미가 없다는 느낌이 들었을 때, 그럴 때 사람은 '살아가는 의미를 발견하는 것'이라고 말하게 될 것입니다.

내 경우는 그것이 '개복치'에 관한 연구였는데, 이런 일을 다른 사람들은 왜 재미있다는 건지 이해하지 못합니다. 세상에 도움이 된다고도 생각할 수 없습니다.

그래도 나는 그것이 인생 자체에 가깝다는 느낌을 갖습니다. 과거를 돌아보면 왠지 필연성을 느끼게 됩니다.

이런 것을 '해후(혹은 만남)'라고 부르는 거지요. 한 철학자의 말을 빌리면, '경험'이라는 말이 될지도 모릅니다.

여러분과 이렇게 만난 것이 우연으로 끝날까요, 아니면 필연으로 바뀔까요? 그건 앞으로 나와 여러분이 어떤 관계를 만들어 가느냐에 달려 있습니다.

교사의 입장에서 보자면 교육이라는 것이 바로 그런 것이라고 생각합니다.

책을 읽는 젊은이에게

우연에 관심을 기울이면 필연으로 바꿀 수 있다.

무모할 만큼
큰 꿈을 가져라

여러분은 꿈이 있습니까?

꿈을 지닐 바에는 기왕이면 원대한 꿈을 지니십시오. 남들이 터무니없다고 비웃어도 좋습니다.

이루어질 것 같지도 않은 무모한 꿈을 꾸는 것은 젊은이만의 특권이니까요.

그리고 일단 꿈을 정했으면 어중간하게 버려두지 말고, 철저하게 온몸을 내던져서 그 꿈을 이루기 위해 노력해 봅시다.

꿈이 모두 이루어지지 않아도 좋습니다. 밑져야 본전이라고 생각합시다. 다른 사람에게 웃음거리가 되거나 무시당했다고 해도 중요하지 않습니다. 그런 건 모두 잊어버립시다.

그들이 여러분의 인생을 대신 살아 줄 순 없는 것입니다.

사람은 각자 자신의 인생을 사는 것이므로 힘껏 사십시오. 당신에 대해 언제까지고 기억해 줄 만큼 다른 사람들은 결코 한가하지 않습니다.

그렇게 생각하지 않습니까? 전력을 다해 살지 않으면 인생의 끝자락 어느 부분에선가 반드시 후회할 것입니다.

꿈이라는 건 유명해진다든가 부자가 되는 일만을 말하는 것이 아닙니다.

'전 세계의 산들을 모조리 정복해야지', '평생 동안 1만 권의 독서를 해야지', '세계 일주 무전여행을 해야지' 등등, 그 어떤 일이든 좋습니다.

자기가 선택한 거대한 꿈이면 됩니다. 다른 사람과 비교할 필요는 전혀 없습니다. 비교하면 쓸데없이 골치만 아픕니다.

내가 말하고 싶은 것은, '자신'이라는 껍질을 깨기 위해 일상의 자신을 뛰어넘을 꿈을 그릴 수 있으면 된다는 것입니다.

나는 학창 시절 배추흰나비는 주둥이를 어떻게 내미는가 하는, 세상에는 별로 도움이 되지도 않을 것 같은 일을 연구했습니다. 이 주제에 대해 묘하게 낭만을 느꼈던 것입니다.

내 나름대로 필사적이었습니다. 그런데 겨우 결론이 나올 것 같아 가슴이 설레던 순간, 스위스의 학자가 나보다 한발 앞서 똑같은 결론을 학계에 발표해 버렸습니다.

그때의 억울함은 지금도 잊을 수 없을 정도입니다.

어리석은 일이라도 자기가 어디까지 열심히 할 수 있을지를 아는 것은 아주 중요합니다. 나도 그 노력 덕분에 하면 된다는 자신이 생겼습니다.

어차피 인생이란 무슨 일이나 원한다고 다 해낼 수 있는 게 아니니까요.

'몽둥이만큼 원해도 바늘만큼 이루어진다'라는 뜻 깊은 속담이 있습니다.

인생이란 그런 것입니다. 그렇기 때문에 바로 지금 거대한 꿈을 향해 직접 도전하라는 것입니다.

'그때 좀 더 열심히 할 걸' 하는 후회는 젊은 사람에게는 어울리지 않습니다.

나는 어른이 되었어도 여전히 꿈을 꾸고 있습니다.

조금은 현실을 분별하라고, 가족을 팽개쳐 두고서 무슨 꿈이며 낭만이 있겠느냐고 가끔 아내에게 핀잔을 들을 정도로요.

책을 읽는 젊은이에게
꿈을 꿀 수 있다면 꿈을 실현할 수도 있다.

삶에서 보람을 찾으면
절반은 성공한 것이다

전에, 매일매일이 시시하다고 한탄하던 학생이 있었습니다. 그래서 왜 매일매일이 시시한 것 같은지 물어 보았습니다.

그러자 그는 '하고 싶은 일이 없고 정신 차려 공부를 하려 해도 잘 되질 않는다'고 대답하더군요. 기껏 친구와 시시껄렁한 이야기를 할 때가 즐거울 뿐이라고 합니다.

그러더니 말을 마치고는, "이래 가지고 되겠어요?" 하고 묻더군요. 해 줄 말이 없었습니다.

자신의 삶을 충실하게 채워 주는 무엇인가가 없다는 건 분명 불행한 일입니다. 물론 특별히 하는 일 없이, 아무 생각 않고 단순한 나날을 보내는 것도 그런 대로 행복한 삶이라고 믿는 사람도 있습니다. 그런 사람은 나름대로 괜찮습니다.

그러나 그래서는 안 된다, 인생에 대해 뭔가 확고한 충실감을 느끼고 싶다고 생각하는 사람에게는 이런 상황이 괴롭습니다.

해머튼이라는 평론가는 이렇게 말했습니다.

"이루어야 할 뭔가가 있을 때 그리고 그것이 자신의 힘이 미치는 일이며, 혼자 있을 때 능률이 가장 오를 경우에, 이때야말로 사람은 가장 독립적으로 삶을 살아갈 수 있다."

매우 함축성 있는 말이 아닌가요?

이는 모두가 똑같이 행동하는 게 무섭지 않은 것이 아니라 혼자서라도 용감할 수 있어야 한다는 사고방식입니다. 주위의 의견에 좌우되지 않고 자신의 삶을 확립할 수 있는 사람은 해야 할 일이 있는 사람입니다.

그 일은 열심히 하면 실현 가능하고 혼자서 할 때 가장 능률이 오르는 일입니다.

그런 뭔가를 여러분도 찾아보기 바랍니다. 이것은 사람에 따라 전혀 다르고, 각자가 스스로 발견하는 것입니다. 이것만은 누구에게도 의지할 수 없습니다. 반드시 스스로 찾아야 합니다.

스스로 먹지 않으면 영양을 섭취할 수 없듯이 스스로 행동하지 않으면 아무것도 얻을 수 없습니다. 그 점을 잘 생각해서 누구에게도 의지하지 않고(물론 의논은 많이 해야겠지만) 힘차게 나아가기 바랍니다.

삶의 보람을 발견할 수 있다면, 인생의 절반은 완성된 것과 같습니다.

책을 읽는 젊은이에게
보람된 일은 그것 자체가 기쁨이다.

53

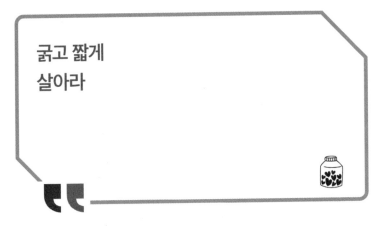

굵고 짧게
살아라

로마 제국의 뛰어난 정치가이자 철학자였던 세네카를 알고 있겠지요?

나는 그 사람을 무척 좋아합니다. 그의 금욕주의적 견해에 전적으로 찬동하는 것은 아니지만, 그가 설파했던 철학은 인생의 갈림길에 설 때마다, 어떤 선택을 해야 하는가 고민할 때마다 내게 어떻게 결심하고 행동해야 하는가 하는 지침을 줍니다.

세네카는 자신의 제자였던 네로 황제에게서 죽음을 명령받고 자살하게 됩니다. 죽음을 앞둔 그 절대 절명의 상황! 그는 운명을 담담하게 받아들였고, 마지막에 해야 할 말을 다하고 이루어야 할 일을 완벽하게 해 놓고 주위 사람들을 위로하며 자살했습니다.

죽으라는 말을 들으면 공포에 질려 제정신을 못 차릴 것이 분명한 대부분의 평범한 사람들에게 그의 행동은 대단한 본보기가 됩니다.

그런데 이 세네카가 재미있는 글을 썼습니다.

"인생이 길다고들 하지만 사람들은 대개 그것을 그냥 흘려보내고 만다. 그들은 오래 산 것이 아니라 오래 존재했던 데 불과하다."

그는 인생의 길이가 아닌, 인생의 질에 대해 묻고 있는 것입니다. 얼마나 핵심을 찌르는 말입니까?

'오래 존재할' 뿐 아니라 '오래 사는' 삶을 목표로 삼아야겠습니다. 이는 젊은이들이 흔히 하는 말로, 가늘고 길게 살기보다는 굵고 짧게 사는 것이 낫다는 의미겠지요.

30대까지는 세상의 모순에 화를 내는 시기입니다. 그러나 비판하고, 또 비판하다 보면 거기에 길들여져 마치 그것이 자기답게 살아가는 것인 양 착각하게 되곤 합니다.

40대에 들어서면 세상의 잘못된 점들을 찾아내 불만을 늘어놓는 일은 가능한 한 그만 두겠다는 생각을 합니다. 그 대신 내가 할 수 있는 좋은 일은 조금씩이라도 실행해 가자는 쪽으로 삶의 태도가 바뀌기 시작합니다. 다른 사람이 이러쿵저러쿵하는 것을 기준으로 삼지 않고 자신의 가치판단으로 움직이고 자신이 납득할 만한 삶을 목표로 살아가는 것이죠.

나는 남달리 대단한 일을 하려고 결심하지는 않았습니다.

예를 들어 그저 식사를 맛있게 하자, 밥상에서 음식을 놓고 불평하지 말자는 정도로 작은 일입니다.

또 상대방의 결점을 늘어놓고 화내지 말고, '이 만남을 소중하게 하여 내가 배울 게 있으면 배우자' 하는 식으로 자신을 타이르는 것입니다.

책을 읽는 젊은이에게
한꺼번에 여러 가지를 하려다가 이미 이룬 일까지 실패로 돌아갈 수 있다.

 플라톤이 말하는 5가지 행복의 조건

첫째, 먹고 살만한 수준에서 조금 부족한 듯한 재산.

둘째, 모든 사람이 칭찬하기에 약간 부족한 용모.

세째, 자부심은 높지만 사람들이 절반만 알아주는 명예.

네째, 한 사람에게 이기고 두 사람에게 질 정도의 체력.

다섯째, 청중의 절반은 손뼉을 치지 않는 연설 솜씨.

> ### '무엇'을 하는가 보다는
> ### 그것을 '왜' 하는지를 고민하자

미국 대학생을 위해 씌어진 생물학에 관한 연구 입문서를 읽은 적이 있습니다.

책에는 그 주제에 대한 발상을 하게 만드는 동기, 생각을 발전시키는 과정 등이 알기 쉽게 설명되어 있었습니다.

그 중에 재미있는 게 있어서 소개합니다.

"극단적인 일반론이긴 하지만 자주적인 연구와 수동적인 연구의 차이는 이런 것입니다. 주어진 연구의 경우는 무엇을 하면 좋을지는 명백하지만 왜 하는가 하는, 연구의 목적을 제대로 알지 못합니다. 자주적인 연구의 경우는, 그 반대로 연구를 해야만 하는 이유는 명백하지만 그 연구에 성공하기 위해 무엇을 해야 할지 분명치 않은 경우가 많습니다. 우리의 경험으로는 '무엇을'에서 '왜'를 복원하려고 시도하기보다는 '왜'를 배경으로 하여 '무엇을'을 전개시키는 것이 더욱 교육적 효과가 큽니다. 더구나 '왜'를 무시한 교육은 무의미합니다."

—『생물학을 생각하는 기술』에서

모두들 이 말을 쉽게 이해할 수 있을 것입니다.

'왜'라는 건 스스로 질문을 던지는 것입니다. 그 배경에는 자연에 대한 연구자 스스로의 흥미가 있는 것입니다. 이에 비해 '무엇을'은 그 연구를 진행시키는 구체적인 방법입니다.

학문을 하는 데는 우선 '왜'라는 흥미가 없으면 연구의 의미가 없습니다. '무엇을'이라는 방법론은 그 연구를 제대로 처리할 수 있도록 도와주는 데 불과합니다. 그를 토대로 새로운 연구 장르를 개척할 수 없는 것입니다.

수학 문제로 말하자면 어떤 문제가 재미있어서 풀어 보고 싶다, 신기해서 증명해 보고 싶다, 왜 그런 결론이 되는지 생각해 보고 싶다 등등이 '왜'에 해당합니다.

이에 비해 인수분해나 피타고라스의 정리를 사용하면 풀 수 있는 문제는 '무엇을' 하면 되는가 하는 방법론의 문제입니다. 분명히 '무엇을'로 풀면 답이 나옵니다. 하지만 이 경우는, 수학을 하는 데 있어 가장 중요한 '수학의 재미'를 터득하는 체험을 할 수 없습니다.

나도 대학 때는 부끄러운 이야기지만 '무엇을'로 일관했습니다. 하지만 그 후에는 '왜'를 철저하게 파고들었습니다. 그래서 교수님들과 많이 충돌하기도 했습니다.

하지만 지금 생각해 보면, 의견 충돌이 있더라도 학문적 흥미에 이끌려 배우길 잘했다고 생각합니다. 스스로 악전고투하면서 '왜'를 발견한 기쁨은 무엇과도 바꿀 수가 없었습니다.

잘 생각해 보십시오. 여러분이 수업에서 배우는 수학 문제는 모두 과거에 누군가가 답을 냈던 것, 혹은 증명되었던 것들입니다. 그것을 더듬어 가기만 하는 일이기 때문에 '무엇을'로 일관하게 됩니다. 물론 이러한 학습 중에도 '왜'라는 발상이 가능하긴 하지만요.

인생도 마찬가지입니다. 왜 사는가를 가르쳐 주는 사람은 아무도 없습니다. 그러므로 스스로 발견해야 합니다. 행복해지는 방법도 사람에 따라 가지각색입니다.

나는 개복치를 연구하거나 풀피리를 만들고 있으면 행복하지만 여러분은 그런 건 흥미가 없을 것입니다.

결국 행복 방정식은 스스로 찾아서 발견하는 외에 다른 방법이 없습니다.

책을 읽는 젊은이에게
행복의 비밀은 자신이 하는 일을 좋아하는 것이다.

'네 번째 탄생'을 체험해보자

오늘의 테마는 '다시 태어남'에 대하여입니다. 어찌 보면 광신적 종교 집단의 구호 같지요?

하지만 그것과는 전혀 다릅니다.

어떤 사람이 이런 말을 했습니다.

"사람은 일생에 두 번 태어난다. 그러나 어떤 사람은 세 번 태어나기도 한다. 또 때로는 네 번까지도 태어난다."라고요.

첫 번째 탄생은 물론 이 세상에 사람으로 처음 태어난 것을 말합니다.

두 번째 탄생은 죽음입니다.

죽음을 '태어난다'라는 말로 표현을 하다니, 무척 신선하고 흥미롭습니다.

위의 두 가지 탄생은 모든 사람이 체험하는 것입니다.

그리고 사람에 따라서는 아래의 나머지 두 번의 탄생을 더 경험하기도 합니다.

그 중 한 번은 대부분의 사람이 경험하게 되는 '자아의 깨어남'입니다.

어릴 때부터 키워 온 가치관을 무너뜨리고 전혀 새로운 가치관을 세우는 것입니다. 사춘기가 이에 해당합니다.

이것을 체험한 후에야 비로소 아이에서 어른으로 성장하게 되는 것이지요.

최근에는 이 시기를 경험하지 않고 나이만 먹는 사람이 늘어가고 있는 것 같습니다. '피터팬 증후군'처럼 '어른이 되고 싶지 않은 증후군'이라고나 할까요?

언제나 어린 아이로, 그러니까 제멋대로이고, 무책임하고, 싫증 잘 내고, 벌컥벌컥 화를 내며, 잘난 척하는 사람으로 남아 있고자 합니다. 죽을 때까지 그렇게 사는 사람도 있습니다.

어쩌면 여러분 중에 '저건 내 얘기군' 하고 생각해 마음이 무거운 사람이 있을지도 모르겠군요.

하지만 걱정 없습니다. 만약 그렇다면 그것은 스스로를 자각하고 있다는 것이므로 고칠 수가 있습니다.

그렇지만 곤란한 경우는 자기 자신만은 다르다고 생각하는 사람들입니다.

파스칼은, "자아에 눈뜨지 않은 인간은 아직 인간이 아니다. 따라서 어린이는 인간이 아니다."라는 가혹한 말을 했습니다. 이 말은 확실히 정곡을 찌르는 진리입니다.

이제 마지막 한 가지 남은 탄생에 대해 이야기하지요.

이것은 표현하기가 아주 어렵습니다. 쉬운 말로 하자면, '종교적으로 다시 태어난 사람', 다시 말해 '자기 사명을 깨달은 사람'이라고 하면 될 것 같습니다.

이를 반드시 신을 믿는다는 의미로만 파악하지는 마십시오.

그게 무엇이든, 다른 사람을 위해 혹은 어떤 고상한 목적을 위해 목숨을 바칠 각오를 하는 것, 이것을 네 번째 다시 태어남이라고 합니다.

아니, 반드시 고상한 목표가 아니어도 됩니다.

무엇이 고상하고 무엇이 천박한가는 간단히 말할 수 있는 것이 아니기 때문입니다.

다만 분명한 것은, 인간과 자연에 대한 애정이 있을 때만이 그것을 '고상한 것'이라 부를 수 있을 것입니다.

어떻습니까? 여러분 중에 이 네 번째 탄생을 체험한 사람이 있습니까? 이것은 결코 나이와는 관계가 없습니다.

책을 읽는 젊은이에게

꿈에 의미를 부여하고, 점차 나아가 사명으로 발전이 된다.

죽음도
삶의 한 부분이다

기시모토 히데요(岸本英夫)라는 종교학자가 있었습니다. 그가 만년에 해낸 일은 누구도 쉽게 할 수 없는 대단한 것이었습니다. 다음은 그의 동료 연구원에게서 들은 이야기입니다.

그는 어느 날 느닷없이 암을 선고받았습니다. 얼굴에 혹이 생기는 악성 피부암이었습니다. 날벼락이었습니다. 수술을 했는데도 얼마가 지나자 또다시 다른 곳에 암이 생겼습니다. 그 암과의 투쟁은 죽을 때까지 계속되었습니다.

그는 수술실에 들어갈 때 항상, "그럼 잘 있어."라고 말했습니다. 모두에게 작별 인사를 한 것이지요. 그리고 그 인사들 중의 하나가 진짜 '잘 있어'가 되었다고 합니다.

그의 책에는 암을 선고받고 나서의 절망스런 고민의 흔적이 남아 있었습니다.

여러 가지 가슴에 와 닿는 문장이 있지만, 그 중 특히 인상 깊었던 것을 소개합니다.

"생(生)과 사(死)는 빛과 어둠과 비슷하다. 어둠이란 빛이 없는 상태를 말하며 실재하는 것이 아니다. 빛이 없는 상태를 우리는 어둠이라고 느끼는 것뿐이다. 마찬가지로 죽음이란 생이 없는 상태이므로 사후의 세계가 존재하는 것 또한 아니다. 그러므로 무서워해서는 안 된다. 단지 남은 인생을 소중하게 살아야 한다."

사후 세계의 유무에 대해서는 여러 가지 견해가 있을 것이므로 여기서는 언급하지 않겠습니다.

단지 그가 생과 사를 진지하게 바라보고, 그 나름대로의 결론에 도달했다는 것이 중요합니다.

깨달음의 경지라고 말할 수 있는 시점에서, 지나온 인생을 되돌아본 후 다시 맹렬하게 일을 시작한 것입니다. 그의 진지한 태도는 주위 사람들에게도 큰 감명을 주었습니다.

"기시모토 선생이 그 자리에 있는 것만으로도 방 전체가 진지한 분위기가 되곤 했습니다. 쓸데없는 잡담을 하려고 해도 왠지 송구스럽다는 생각이 저절로 들었습니다.

그 연구원에게서 들은 이야기입니다.

어느 날 모두 모여 여유 있게 잡담을 하고 있었습니다. 마침 그곳에 선생이 들어왔습니다. 그는 떠들던 사람들을 훑어보면서 미소를 띠며 부드럽게, "나에게는 남아 있는 시간이 얼마 없습니다."라고 얘기했답니다.

이 말에 모두는 고개를 숙였습니다. 겁을 내거나 거부하지 않고 죽음을 삶의 한 부분으로서 순순히 받아들이는 그의 모습에 존경을 표한 것입니다.

그는 아름답게 "잘 있어." 하고 말할 수 있게 되는 것을 인생의 목표로 삼은 것이지요. 전력을 다해 현재를 살고 삶의 마지막에 기분 좋게 "그럼 잘 있어." 하고 말할 수 있도록 사는 것이지요.

이것은 물론 너무 어렵습니다. 평생을 후회 없이 스스로에게 만족하며 산 사람만이 할 수 있는 말이니까요.

이제 매일 잠들기 전에, "그럼 잘 있어." 하고, 마음으로부터 감사를 담아 말해 보십시오.

친구와 헤어질 때 마음을 다해 "잘 있어." 하고 말할 수 있도록 노력하십시오.

책을 읽는 젊은이에게
문제는 어떻게 죽느냐가 아니고 어떻게 사느냐이다.

성공한 삶을 위해
유서를 써보자

여러분은 죽음에 대해 '구체적으로' 생각해 본 적이 있나요? 아마 없을 것입니다.

젊은 사람뿐 아니라 나 역시 평소에는 영원히 죽지 않고 살 것처럼 행동합니다. 아니, 더 정확하게 말하면, 언젠가는 죽겠지만, 그것이 오늘이나 내일은 절대 아닐 것이라고 믿습니다.

하지만 나 정도의 나이가 되면 부모가 죽고, 선배가 죽고, 친구가 죽는 일이 생기기 시작합니다. 죽음이 흔해지는 거죠. 여러분도 여기저기서 장례식을 마주칠 기회가 있을 것입니다. 여러분 가까이에 죽은 친구나 가족은 없습니까?

어째서 이렇게 죽음에 대해 강조하는가 하면, 죽음은 자신의 '삶의 보람'에 대해 생각하는 데 매우 큰 도움을 주기 때문입니다.

그러나 죽음을 생각하면서 반드시 마음이 침울해지기만 할 필요는 없습니다.

지옥에서 찾아온 저승사자가 여러분에게 여생이 앞으로 몇 년밖에 없다는 선고를 내렸다고 합시다. 사신(死神)이 거처하는 곳에 생명의 촛불이 켜져 있는데, 당신의 생명을 가리키는 초의 길이는 아주 짧습니다.

그럴 때 여러분이라면 무엇을 하겠습니까?

어렵게 생각할 것 없습니다. 사실 이런 일은 일상적으로 우리에게 닥치는 일들입니다.

솔직히 나는 반미치광이가 될 겁니다. 그뿐 아니라 세상을 저주할 것이 분명합니다. 왜 나만 빨리 죽어야 하지? 나보다 훨씬 나쁜 놈들은 저렇게 건강하고 편하게 잘만 살고 있는데 말야, 하고 억울해할 것입니다.

이렇게 죽어라하고 저주를 퍼부은 후 결국은 좋아하는 게벌레 연구에 목숨을 바칠 것입니다. 물론 가족과의 생활을 소중하게 여기면서요.

그리고 하루하루를 음미하듯이 이를 악물고 살고 싶습니다. 불가능할지도 모르지만 그래도 열심히 살고 싶습니다.

이런 식으로, 죽음에서부터 거꾸로 거슬러 오르면서 한번 인생을 바라보십시오.

그렇게 하면 현재 자신의 삶이 얼마나 빈껍데기 같은 것인지 분명히 깨달을 수 있을 겁니다.

해마다 설날 아침이 되면 반드시 유서를 쓴다는 사람이 있다고 하더군요.

이때의 유서는 재산을 어떻게 분배할까, 가족에게 어떻게 이별을 고할까, 보험은 얼마인가 하는 신변잡기적인 것이 아닙니다.

그와는 상관없이 자신이 새로운 1년을 어떻게 살 것인지 결심하기 위한 '1년의 계획서' 같은 것입니다.

옛날 무인(武人)이나 스님들은 종종 '임종의 서'라는 것을 읊었습니다. 그것을 반드시 죽음에 임해서만 생각하는 것은 아니었습니다. 매년 설날 아침에 '임종의 서'를 생각해 두는 것입니다.

나는 아직 유서를 써 본 적이 없습니다. 대신 정초에 반드시 1년의 목표를 세우기로 결심하고는 있습니다. 하지만 새해를 맞아 쓰는 유서는 색다른 느낌이 들지도 모르겠군요. 내년부터는 나도 한번 해 볼까 합니다.

여러분도 한번 해 보면 어떨까요? 하지만 이때 중요한 것은 어디까지나 인생을 더욱 열심히, 충실하게 살겠다는 목적으로 유서를 써야 한다는 것입니다.

괴로운 일을 하소연하기 위해 넋두리 같은 유서를 쓰는 것은 인생을 사는 데 아무런 도움이 되지 않습니다.

책을 읽는 젊은이에게
인생이란 짧은 것이다. 그러나 시간 낭비로 인생을 더욱 짧게 한다.

멀리 떨어져서 보아야 더 잘 보인다

무언가를 이해하려 할 때, 실물을 보지 않으면 실감이 나지 않습니다.

사과라는 게 도대체 뭘까를 여러 번 묻기보다 실제 사과를 한번 보는 것이 사과에 대해 더 잘 알 수 있습니다. 그러나 세상에는 눈에 너무나 잘 보이기 때문에 오히려 보이지 않는 것들도 있습니다.

흔히들 『논어』를 읽되 『논어』를 모른다'라는 말을 합니다. 어떤 일에 푹 젖어 있으면 너무나 당연하게 보아야 할 것도 놓쳐 버리게 된다는 의미겠지요.

숲 속으로 깊이 들어가면 나무는 보이지만 숲은 보이지 않지요. '나무는 보되 숲은 보지 못하는' 것이지요.

부모님을 그 예로 들어 볼까요? 보통 때는 부모님을 자신을 간섭하는 성가시지만 어쩔 수 없는 존재라고 생각하는 사람이 많이 있을 것입니다.

하지만 부모를 여의고 나면 절감하는 게 있습니다. 아니, 돌아가시지 않더라도 떨어져서 생활해 보면 알 수 있습니다. 성가시기만 한 어른이라고 생각했어도 막상 안 계시면 그 허전함이란 이루 말할 수 없습니다. 제멋대로 뭐든 마음 놓고 이야기할 수 있는 사람이 없다는 서글픔이 느껴질 것입니다.

이런 것들이 잃고 나서야 비로소 보이는 것들입니다.

외국에 가 보면 자기 나라의 장점을 보게 된다고 곧잘 말들 합니다. 보통 때는 '우리나라'를 전혀 의식하지 않고 생활하지만 외국에 가면 누구든 애국심을 느끼기 마련인 것과 같습니다.

한 달 정도의 짧은 체류 같으면 자극이 많아 문화의 차이 같은 것에 대해 여유 있게 생각할 틈이 없습니다. 그러나 1년 정도 정착해서 생활하거나 외국에서 병이라도 걸리게 되면 그 차이를 절감하고 '우리나라'가 새삼 그립고 고마워집니다.

혼자서 중국을 여행할 때였습니다. 병에 걸려 병원에 갔는데, 나는 물론이고 중국인 의사 역시 형편없는 영어를 구사하는 바람에 서로 의사소통이 되지를 않았습니다. 나는 코가 아프다고 말하는데, 의사는 이가 나쁠 거라며 우깁니다.

우리나라였다면 말뜻을 바로 알아차릴 수 있었을 것입니다. 그때 언어 체계가 다른 문화와 접할 때 따르는 고생을 실감했습니다. 그리고 새삼 우리나라의 고마움에 대해 절감할 수 있었습니다.

공부도 마찬가지라고 생각합니다. 울며 겨자 먹기 식의 공부도 있을

지 모르겠지만 모든 분야를 골고루 배울 수 있는 것은 학생만이 가진 특권입니다. 이는 학교를 벗어나 보면 알 수 있습니다. 여러분은 머지않아 학교 밖 세상으로 나가야 합니다. 그때 여러 가지 세계를 알게 될 것입니다. 그리고 자신의 모습이 보이기 시작할 것입니다.

가만히 앉아서 아무런 목표를 찾을 수 없다고 한탄하는 것은 이제 그만 두십시오.

자신이 알지 못하는 세계에 도전하다 보면 찾고 있던 것이 보일 것입니다. 자신이라는 존재의 의미가 보이기 시작할 것입니다.

책을 읽는 젊은이에게
인생은 가까이서 보면 비극, 멀리서 보면 희극이다.

인간관계에 대하여
담대하게 살아라

사람을 사귀는 것이 서툰 사람은

마음에 쓸데없는 힘이 들어가 있다는 느낌을 줍니다.

마음에 힘이 들어가 있다는 것은

상대방으로 하여금 무엇인가를 잔뜩 기대하고 있다는 것입니다.

그런 사람은 자신의 속마음은 쉽게 털어놓지 않고

표면적인 대화만으로 만족합니다.

스스로에게 자신감이 있는 사람,

진정한 의미로 강한 사람,

자신의 신념을 확고하게 지닌 사람은

타인의 결점을 가지고 왈가왈부하지 않습니다.

자신 있는 사람은
너그럽게 행동한다

언제나 남의 장점은 잘 보이지 않는 법입니다. 반대로 결점은 너무도 잘 보이기 마련이죠.

이는 누구나 마찬가지입니다.

다른 사람의 눈에 작은 티끌이 들어 있는 것은 금방 알아챌 수 있습니다.

그러나 자신의 눈 속에 대들보만한 거대한 기둥이 들어 있는 건 알아채지 못합니다.

바로 『성서』에 나오는 진리이기도 합니다.

자신이 갖고 있는 결점은 대개 보이지 않습니다.

얼마 전에 어떤 사람이, 약속 시간에 모이지 않는 건 불성실하기 때문이라며 화를 내고 소리치는 것을 보았습니다.

그러더니 정작 그 다음날은 본인이 감기에 걸렸다며 결석을 했습니다.

이런 사람은 상대가 결석을 한 건 불성실하기 때문이지만, 자신이 결석을 하는 것은 감기로 인한 어쩔 수 없는 일이었다며 자신의 행동에 대한 정당성을 주장합니다. 그걸 보는 상대방은 얼마나 언짢겠습니까?

이런 식의 상황이 몇 번 되풀이되면 결국 그 사람은 사람들로부터 신뢰받지 못하게 됩니다.

그러므로 상대가 실패를 하거든 너그럽게 용서해 봅시다.

그러나 자신이 실패하면 깊이 반성합시다. 적어도 그렇게 하도록 노력합시다.

자신에게 여유가 있는 사람일수록 상대를 쉽게 용서할 수가 있습니다. 예를 들면 여러분은 아기가 아무리 말썽을 부려도 "용서할 수 없다."고는 말하지 않습니다.

그건 여유를 갖고 아기를 돌보기 때문입니다. 아기와 맞서 봐야 소용이 없으니까요.

결국 스스로에게 자신감이 있는 사람, 진정한 의미로 강한 사람, 자신의 신념을 확고하게 지닌 사람은 타인의 결점을 가지고 왈가왈부하지 않습니다.

그리고 또 한 가지, 어떤 '단점'이 반드시 '결점'이라고만 할 수는 없습니다.

선생님들이 학생들의 생활기록부를 작성할 때의 테크닉을 조금 설명해 볼까요?

덜렁거리는 학생이 있다고 합시다. 무척 덜렁거리는 것이 사실이지만 생활기록부에 '덜렁거린다'고 쓸 수는 없습니다. '밝고 활동적'이라고 씁니다.

말이 없고 결단력이 부족하다고 합시다. 이 경우는 '침착하고 신중하다'고 씁니다.

이것은 유치한 눈가림이 아닙니다. 실제로 그렇게 될 수 있습니다. 단점은 그대로 장점이 될 수 있습니다.

이렇게 생각을 하면 타인의 결점을 티끌처럼 아주 작게 볼 수 있습니다. 만약 그 결점이 크게 보이는 일이 있으면, 그것을 좋은 쪽으로 더욱 잘 살릴 방법을 생각해 봅시다.

아마 그 경지까지 이르면 이미 인생에 대해 도가 튼, 인생의 달인이라 할 수 있겠지요.

책을 읽는 젊은이에게
자신을 타인과 비교하지 않는 것에서부터 자신감이라는 씨앗이 자라게 된다.

> ## 뛰어난 것을 찾고자 하는 사람이
> ## 바로 뛰어난 사람이다

　텔레비전을 통해 우리는 전 세계의 뛰어난 문화유산들을 안방에서 손쉽게 볼 수 있습니다. 그래서 막상 우리 주변의 것들은 시시하다고 생각하는 사람이 있는 듯합니다. 하지만 스스로 무엇인가를 찾는 마음이 있다면 우리 주변에도 뛰어난 것들이 많이 있습니다.

　나는 풀피리에 관심을 갖기 전까지는 풀피리가 등장한 소설이 있다는 사실을 몰랐습니다. 내가 좋아하는 나쓰메 소세키의 『마음』이라는 소설에도 풀피리를 부는 장면이 나옵니다. 전에 몇 번이나 읽었는데도, 그때는 전혀 깨닫지 못했습니다. 그런데 풀피리에 관심을 가진 순간 소설이 내게 말을 걸어 왔습니다.

　뛰어난 사람이란, 뛰어난 것을 찾고자 하는 마음을 지닌 사람입니다. 이 학급 안에도 여러 가지 면에서 뛰어난 사람이 많이 있습니다. 그들을 더욱 인정하고 칭찬한다면 서로가 훨씬 발전할 수 있을 것입니다.

그런데 보통은 가까이에 존재하는 뛰어난 사람을 발견하는 것이 결코 수월하지 않습니다. 그 사람이 어릴 적부터 친한 친구나 동급생, 혹은 부모나 형제 등 아주 가까운 사람이라면 더욱 어렵습니다. 너무 지나치게 가까워서 그 장점을 보려고 하지 않는 겁니다.

내게도 그런 기억이 있습니다. 졸업생인데, 오래 전에 그에게 생물을 가르쳤습니다. 그때는 극히 평범해서 전혀 눈에 띄지 않는 학생이었습니다. 그런데 졸업하고 얼마 후에 그 학생의 친구가 잡지를 보여 주기에 무심코 들여다봤더니, 글쎄 그 학생이 아마추어 레슬링 세계 챔피언이 되었다는 기사가 실려 있는 게 아니겠습니까. 참으로 놀랐던 기억이 납니다. 사실, 주변 사람들을 받아들인다는 건 쉽지 않은 일입니다. 우리 주변에도 멋진 사람이 존재할지 모른다고 말한 것은 그런 의미였습니다.

무덤덤하고 아무 특징도 없어 보이는 사람이 사실은 자기만의 독특한 개성을 갖고 있는 경우가 실제로 있을 것입니다. 이를 발견하려면 겸허함과 함께 뛰어난 점을 찾고자 하는 마음가짐이 절대 필요하겠지요.

예언자 중에서 고향에서 인정받지 못함을 개탄한 사람은 예수 그리스도였습니다.

이처럼 위대한 사람도 인정받지 못하는 경우가 있습니다. 우리는 마음을 다해 주위를 둘러보아야 하겠습니다.

책을 읽는 젊은이에게

좋은 책을 읽는 것은 과거의 가장 뛰어난 사람들과 대화를 나누는 것과 같다.

싫어하는 사람에게도
친절을 베풀어라

보통 여러분이 만나는 사람들은 가족, 학교, 종교단체 등 그다지 넓지 않은 범위의 주변 사람들이 전부일 것입니다. 그 범위 안에서 서로에게 세심한 배려를 할 것입니다.

하지만 잠시 생각해 보십시오.

최근에 모르는 사람에게 "고맙습니다." 하고 말한 적이 있습니까? 반드시 감사의 인사가 아니어도 좋습니다. 그저 사소한 배려라도 한 적이 있습니까?

며칠 전 전철에서 노인에게 자리를 양보해 드렸습니다. 당연한 일이지요. 하지만 그 노인은 아주 고마워하더군요. 그럴 때 양보하길 잘했다는 생각을 하게 됩니다.

여러분도 그런 경험이 분명 있을 것입니다.

그런 작지만 가슴을 훈훈하게 만드는 일을 항상 할 수는 없을까요?

복도에 휴지가 떨어져 있으면 살짝 집어다 버린다, 학교의 세면대가 더러워서 닦았다, 모르는 손님이 학교를 구경하러 왔기에 안내해 주었다…….그런 이야기들이 최근에 들어 점점 듣기가 힘들어졌습니다. 전혀 없는 건 아니지만 많이 줄어 가고 있는 것 같습니다.

그런 가운데 반가운 일이 있었습니다.

학교 근처의 주택가에서 일어난 일입니다. 집 주인이 집에 들어갈 때 깜빡 잊고 열쇠를 현관 열쇠 구멍에 그대로 꽂아 두었는데, 어떤 학생이 일부러 찾아와서 그 사실을 알려 주었습니다. 그 주인은 매우 감격했습니다.

그런 당연한 일에 감격하는 것이 살벌한 세상의 모습을 보여주는 것 같아 슬프기도 하지만, 어쨌든 그렇게 양심적인 학생이 있다는 건 기쁜 일입니다.

그리스도는 "자기가 좋아하는 사람을 위해 친절을 베푸는 건 누구나 할 수 있는 일이다. 그러나 싫어하는 사람에게도 친절을 베풀 줄 아는 것이 참된 사랑이다."라고 말했습니다.

'저런 녀석에게 친절을 베풀라니, 말도 안 돼. 저 녀석은 분명 고마워하기는커녕 오히려 내 선의를 악용하려 들 거야' 하는 생각을 가지면, 여간해서는 친절을 베풀 마음이 일지 않습니다.

이처럼 가능하지 않은 일을 하려면 무엇보다 용기와 노력이 필요합니다.

자신의 감정을 극복하는 것도 필요합니다.

하지만 바로 그렇기 때문에 그것은 가치 있는 일이라고 그리스도는 가르치고 있습니다. 비슷한 말을 석가모니도 했습니다.

힘들겠지만 이런 일을 조금이라도 할 수 있도록 노력해야 하겠습니다.

세상에는 그런 일들을 쉽게 하는 사람도 있습니다.

여러분도 그런 경지에 조금이라고 도달했으면 좋겠습니다. 담담하면서도 과감하게 말입니다.

책을 읽는 젊은이에게

부드러움과 친절은 나약함과 절망의 징후들이 아니라, 힘과 결단력의 표현이다.

껍질을 깨고
체험을 즐겨라

'유유상종'이라는 말이 있습니다. 비슷한 사람끼리 모인다는 뜻이죠. 하지만 이것은 여러 가지 의미로 해석할 수 있습니다.

고교생 집단, 특히 친구들끼리 모여 있는 집단을 보고 있노라면 '끼리 끼리 모인다'라는 말이 진짜 맞는 말이구나 하는 생각이 저절로 듭니다.

대개 비슷한 관심과 장점, 단점을 가진 아이들끼리 친구가 되고 함께 어울리는 일이 많습니다. 동질 집단에 있으면 안심할 수 있기 때문이지요.

얼마 전에 딸이 휴대용 게임기를 사겠다고 했습니다. 그 이유는 친구들이 게임기를 갖고 있기 때문이라는 것이었습니다.

게임기 같은 건 절대로 갖고 다닐 수 없다고 주의를 주는 학교도 있습니다. 같은 학교 내에서도 갖고 있지 않은 사람도 많이 있습니다. 한데 자신의 동료들 세계에서만 판단하면 무엇이든 이런 식으로 됩니다.

나 역시도 똑같은 판단을 자주 하긴 하겠지만 깨닫지 못할 뿐이겠지요.

같은 집단 안에 있다는 안도감은, 너무나 편해서 나오고 싶지 않은 따뜻한 목욕물과 같습니다.

그러나 이런 집단 속에 푹 빠져 있으면 사람은 좀처럼 진보하지 못하는 법입니다.

껍질을 깨고 여러 가지 체험을 하는 게 좋습니다. 힘들긴 하겠지만요. 그리고 기왕이면 자기보다 못한 사람보다는 뛰어난 사람과 접촉하는 게 좋습니다.

그런 사람에게서 여러 가지 자극을 받는 것이 정신적인 성장에 있어서 얼마나 중요한지 모릅니다.

그러니 성장기의 여러분은 될 수 있으면 훌륭한 사람과 어울렸으면 합니다.

단, 오해가 없기 바랍니다. 자기보다 못하다는 의미는 자신이 '원하는 것', 즉 '꿈꾸는 것'에 대한 이야기입니다. 절대로 특정한 사람의 인격을 부정하는 것이 아닙니다.

뛰어난 사람이란 어딘지 모르게 밝고 따스한 후광이 느껴지는 사람입니다.

그런 빛을 쐬면 기분이 고양됩니다. 그런 자극도 동질의 집단 안에만 있다 보면 받을 수가 없습니다.

그런 사람과 직접 접해 보아야 합니다. 그러면 일종의 영감 같은 것을 느끼고 공명하게 되고, 그로 인해 자신의 삶이 바뀌기 시작할 것입니다.

그런 사람은 의외로 주변에 있습니다.

눈을 부릅뜨고 잘 보십시오. 이 학급 안에도 멋진 사람이 분명 있습니다.

물론 이런 사람과 가족처럼 이야기할 기회는 매우 드물 것입니다. 친한 친구 몇몇을 제외하면 대부분의 사람들은 기껏해야 인사만 나누고 사니까요.

하지만 그러기에는 흐르는 시간과 젊음이 너무나 아깝지 않습니까? 서로 훌륭한 면을 찾아내주고, 서로 배우고 함께 성장해가야 합니다.

자신에게 훌륭한 면이 있을 리가 없다고 생각합니까? 절대 그렇지 않습니다.

자신감을 갖고 자신을 드러내 보이십시오. 분명 모두에게 좋은 영향을 줄 것입니다.

그저 그런 작은 집단에서 빠져나와 좀더 넓은 시야로 서로 보고 배웁시다.

책을 읽는 젊은이에게
거북이를 봐라. 거북이는 고개를 내밀어야만 앞으로 나아간다.

'왕따'를
두려워하지 마라

이제 따돌림과 고독에 대해서 이야기하려고 합니다.

여러분은 친구를 따돌리거나 친구로부터 따돌림 당한 경험이 있나요?

따돌림 당하는 것은 분명 괴로운 일입니다. 하지만 누군가를 따돌리는 것 역시 그에 못지않게 괴로운 일입니다.

누군가를 잠시 '집단'의 이름으로 괴롭힌 후의 그 개운치 않은 뒷맛. 혼자서 책임을 뒤집어쓰지 않아도 된다는 계산 하에 '모두'가 같이 한 일이기에 더욱더 꺼림칙하고 비겁한 일입니다.

여러분은 다른 사람을 괴롭히는 비겁한 사람이 되지 않기를 바랍니다.

그러나 나는 이런 생각도 해 봅니다. 오해 없기를 바랍니다. 따돌림이란 인간 세상이 계속되는 한, 없어지지 않을 것입니다. 아니, 절대로 없어지지 않으리라고 생각합니다.

이러한 정신적 폭력이 비교적 적은 사회와 많은 사회의 차이는 있을 것입니다.

하지만 그것이 전혀 없는 사회는 있을 수가 없습니다. 나는 오히려 그런 사회가 더 이상하다고 생각합니다.

나도 어릴 때 남을 괴롭혀 본 적이 있고, 괴롭힘을 당한 적도 있습니다. 그때마다 마음이 아프고 고통스러웠습니다. 아니, 아닙니다. 솔직하게 말하면, 항상 거드름을 피우는 녀석을 멋지게 따돌렸을 때는 쾌감조차 느꼈습니다. 이런 못된 기질은 지금도 남아 있습니다.

인류애를 설파하는 성직자들 안에서도 따돌림이나 괴롭힘은 존재한다고 봅니다.

교직원 사회에도 존재합니다. 나 아닌 다른 사람이 함께 존재하는 곳에는 그런 정신적 폭력이 존재할 수밖에 없습니다. 그건 인간의 본성이니까요.

하지만 인간의 본성이니 어쩔 수 없다고 그 괴로움을 감수하기에는 그것을 당하는 사람이 너무 억울하고 가엾습니다.

내 체험에 의하면, 그것을 이겨내는 방법은 이렇습니다.

보통 다른 사람들로부터 따돌림을 당할 경우, 고독에 강해질 수 있다면 아무렇지도 않게 여기고 극복할 수 있습니다.

그렇다면 고독에 강해지려면 어떻게 해야 할까요?

바로 자신만의 세계를 갖는 것, 즉 다른 사람에게 지지 않는 개성을 갖는 것입니다. 그리고 밝은 성격을 갖도록 노력하는 것입니다.

자신을 괴롭히는 사람이 있으면, 반드시 자신을 인정해 주는 사람도 세상에는 있는 법입니다. 그런 사람을 찾는 것도 역시 중요하겠지요.

나아가 따돌림을 당하고 있다고 생각하지 않는 낙천적인 성격도 중요합니다. 이는 바보라는 말을 들으면 '칭찬해 줘서 고마워' 하며, 웃는 얼굴로 능청스럽게 대꾸할 수 있을 정도의 여유 있는 성격을 말합니다.

그렇다면 어떻게 해야 자신의 개성을 연마하여 밝게 처신할 수 있게 될까요?

유감스럽게도 나는 이렇게 하면 된다는 식의 확실한 비결을 갖고 있지는 못합니다.

이것은 자신에게 맞는 취미를 발견하는 것과 마찬가지입니다. 누구도 대신해 줄 수 없는 것이니까요. 그러니 용기를 갖고, 자신이 사는 의미와 보람을 스스로 발견하도록 노력하십시오.

책을 읽는 젊은이에게
마음에 들지 않아도 웃으며 받아들여라.

나쁜 소문에
귀 기울이지 마라

'연상 게임'이라는 것이 있지요. 어떤 그림이나 문장을 본 후 연상되는 단어를 옆 사람에게 전달해 가는 게임 말입니다.

사람들이 연상하는 단어는 대부분 본래의 것과는 동떨어진 엉뚱한 것이기 쉽습니다. 제대로 전해지지 않는 것이지요. 이것에 이 게임의 재미가 있는 것이긴 하지만. 어쨌든 사소한 문장 혹은 그림 따위를 차례로 연상하며 전달하는 동안에 처음과 마지막은 전혀 다른 내용으로 바뀌어 버립니다.

그 원인은 두 가지입니다. 전달을 잘못하거나, 제대로 전달을 했는데도 받아들이는 사람이 잘못 받아들이거나입니다.

어쨌든 짧은 시간 중에 잇달아 오해가 생기는 것이 아무리 보아도 흥미롭습니다.

어째서 그렇게 될까요?

여러 가지 원인을 생각할 수 있습니다. 제대로 듣지 못한 경우도 있고, 자기도 모르게 착각하는 경우, 초조해서 다른 말을 내뱉어 버리는 경우 등등입니다.

어떤 사람이 어떤 경우에 해당하는가를, 제삼자인 시청자는 객관적으로 보고 있기 때문에 잘 알 수 있습니다.

그 중에서 가장 흥미로운 것은 받아들이는 사람의 오해로 인한 엉뚱한 전달입니다. 이것은 많은 경우, 받아들이는 사람이 뭔가 착각을 하고 있는 데서 생깁니다.

예를 들어, 앞 사람이 소 그림을 그렸다고 합시다. 그런데 받아들이는 사람은 팬더를 좋아할 수도 있습니다. 그러면 멋대로 팬더라고 판단하기가 쉽습니다. 그러면 그는 이제 팬더 같은 소를 그립니다. 게임에 집중하고 있어도 그렇습니다.

자, 이제 진짜 하고 싶은 이야기를 하지요.

이렇게 온 정신을 집중하여 상대의 의도를 파악하려 해도 오해가 생기기 쉬운데, 하물며 누군가의 험담이나 소문을 전할 때는 절대로 정확하게 전해지지 않을 것입니다.

하지만 신기하지요. 사람들은 모두 자신들이 좋아하는 이 연상 게임에서 얻은 교훈을 실제로는 활용을 하지 못하니까요.

자신이 인생이라는 게임 안에 들어가 버리면 판단력이 둔해지는 모양입니다.

"누구누구가 이렇게 말했다."라고 할 때, 그 말을 모두 믿을 수 있다고 생각합니까?

단언하건대, 거기에는 엄청난 꼬리가 달려 있습니다.

소문이라는 것은 골치 아프게도, 말한 내용의 일부만이 정확하게 전달됩니다. 험담에는 그런 야릇한 특징이 있습니다. 그리고 한번 내뱉은 말은 그 자체로 자기 증식을 하는 암세포처럼 멋대로 꼬리가 붙어 퍼져 갑니다.

예를 들어, 내가 어떤 사람을 보고 "멍청하기는…" 하고 내 딴에는 애정을 담아 말했다고 합시다. 이 말에는 그 사람을 아끼는 마음이 담겨 있습니다. 이것은 반드시 험담이라고 할 수 없습니다.

그런데 그것을 옆에서 누군가가 들었다고 칩시다. 그리고 나중에 다른 사람에게 말합니다. 누구누구가 그 사람더러 멍청하다고 하더라고요. 그것을 들은 사람은 또 다음 사람에게 말합니다. 그 사람더러 멍청하다고 '경멸'했다며, '그 사람 참 안 됐군' 하는 식으로 '멍청하다'는 사실만이 전해집니다. 즉, 사실은 전달해도 진실은 전달하지 못하는 겁니다.

사람들도 이를 알고는 있지만 거기에 말려듭니다.

간혹, 이런 함정을 일부러 이용하여 인간관계를 갈라놓는 경우도 있습니다. 그러므로 모두들 이러한 소문에 말려들지 않도록 항상 조심합시다.

책을 읽는 젊은이에게

남의 험담을 하면, 곧 당신의 험담이 돌아오는 줄 알아라.

상대의
장점을 보라

어느 학생과 나눈 대화입니다.

"선생님, 전 이번 시험에 열심히 공부했어요. 그러니 성적표에 잘 써 주세요."

"하지만 네 점수는 정확하게 평균점인 걸. 평가야 정확해야지."

"에이, 선생님, 너무 인색하세요. 그래도 열심히 했는데."

그 학생은 대학 추천을 목표로 하고 있어서 어떻게든 높은 점수를 얻어야 했던 모양입니다. 그래서 본인 나름대로는 꽤 열심히 했을 겁니다.

그건 나도 잘 압니다. 하지만 이 말은 좀 이상하지 않습니까? 분명히 그 학생은 노력했습니다. 하지만 다른 급우들도 마찬가지로 열심히 노력했습니다. 전체적으로 보아 점수가 그다지 올라가지 않았던 건, 주위 학생들이 그 이상으로 노력했기 때문입니다.

제삼자의 입장에서 생각하면 그건 당연한 일입니다. 그런데 당사자는 냉정을 잃어버리지요.

똑같은 경우를 일상에서 여러 모로 찾아볼 수가 있습니다. 여러분은 종종 남을 험담하는 경우가 있습니다. "저 아이, 건방져. 저 선생님 수업은 시시해."라구요.

하지만 내가 보기에는 그 말을 하는 본인이 훨씬 건방지고, 수업 태도도 나쁜 경우가 많습니다.

사람은 타인의 나쁜 점은 즉시 눈에 들어옵니다. 반대로 자신의 결점은 좀처럼 알아채지 못합니다. 알아채도 얼마든지 변명이 마련되어 있습니다.

마찬가지로, 자신이 열심히 한 일이나 진심을 담아 한 일의 결과에는 기대가 크기 마련입니다. 그것을 누군가에게 인정을 받고 싶어 합니다. 그런데 타인의 입장에 대해서는 무신경하고 둔해져버리기가 십상이지요.

작년에 있었던 일입니다. 어떤 학생이 여름 방학에 쓴 것이라며 한 권의 보고서를 가지고 왔습니다. 읽어 보니 그 학생이 관심 있는 테마에 대해 아주 잘 조사했음을 알 수 있었습니다.

하지만 이것은 나중에 알게 된 일입니다. 그때는 바쁘기도 해서, "거기 두고 가, 나중에 볼 테니까." 하고 아무렇게나 대답을 했었습니다.

그리고 나중에 그 보고서를 읽어 보고 잘못했구나 싶었습니다. 온 정성을 기울여 작성한 것이 분명한, 훌륭한 보고서였기 때문입니다.

아마 그 학생은 열심히 했다는 것을 그 자리에서 내게 보여 주고 인정받고 싶었을 것입니다.

칭찬을 받고자 열심히 노력하는 것이 유치하다고 생각합니까? 칭찬을 받건 못 받건 간에 자신이 해야 할 일을 담담히 한다는 것은 성인(聖人)이라도 되지 않으면 가능한 일이 아닙니다.

누구나 그 자리에서 칭찬해 주면 좋아하게 마련입니다. 그러니 사소한 친절에 대해, "감사합니다."라는 따뜻한 말 한 마디라도 해야 하지 않을까요?

나에게 보고서를 가지고 왔을 때의 그 학생의 빛나던 눈동자 그리고 그것을 아무렇게나 받아 놓는 나를 보고는 섭섭해 하던 표정. 이 두 가지가 번갈아 나의 뇌리를 스쳤습니다.

교사로서, 마음으로부터 부끄럽게 생각했습니다.

나는 본의 아니게 학생이 가지고 있는 잠재적 가능성을 무시한 것이 되었습니다.

타인의 장점을 깨닫는 사람이 되려면 실패를 되풀이해야만 하나 봅니다.

책을 읽는 젊은이에게

내게 없는걸 남이 가졌다고 슬퍼하기보단 내가 가진 장점을 생각해보아라.

자신과 타인에게
편안해지자

바다나 풀장에서 수영을 해 본 적이 있지요? 수영하는 사람들은 자세히 관찰해 보면 잘 알겠지만, 수영을 잘하는 사람일수록 몸에 힘이 들어 있지 않습니다. 편안하게 물에 떠 있는 거죠. 물에 몸을 맡기고 장난을 하고 있다는 느낌이 들 정도입니다.

초심자는 어깨며 다리에 자꾸 힘이 들어가서 물살을 헤치고 나아갈 때도 첨벙첨벙 물보라를 일으킵니다. 그렇게 요란스러운 모습으로는 앞으로 잘 나아가지도 못합니다.

나는 초등학교 때 물에 빠질 것 같아 옆에 있던 여자 아이의 땋은 머리를 잡아당긴 경험이 있습니다. 너무 괴로워서 부끄러움도, 남의 눈도 따질 계제가 아니었습니다.

인간관계도 그렇습니다.

친구와 부담 없이 이야기하거나 농담을 주고받는 사람이 있습니다. 그것은 마치 수영을 잘하는 경우처럼 마음의 어깨에서 힘이 빠져 있는 사람입니다.

사람을 사귀는 것이 서툰 사람은 마음에 쓸데없는 힘이 들어가 있다는 느낌을 받은 적이 없나요? 마음에 힘이 들어가 있다는 것은, 다시 말해 상대에게서 무엇인가를 잔뜩 기대하고 있는 것입니다.

그런 사람은 자신의 속마음은 털어놓지 않고 표면적인 대화만으로 만족하는 것입니다.

이것은 뜀틀을 하는 것과 비슷합니다. 뛰어내릴 만한 용기가 없다면 뜀틀을 하는 것은 불가능하지요. 힘을 빼고 과감하게 뛰어내려 보십시오. 의외로 편하게 이야기할 수 있을 것입니다.

나는 종종 신문의 인생 상담란을 읽습니다. 그것을 읽다가 보면 다음과 같은 기사가 자주 눈에 띄고는 합니다.

저는 회사에서 사람들과 사귀는 일이 질색입니다. 사람들과 함께 시간을 보내고 나면 너무나 피곤합니다. 그래서 이제부터는 누구와도 이야기를 하지 않을 거야 하고 다짐합니다. 저는 어떻게 해야 할까요?

편안하게 대하면 되지요. 당신은 뭔가 꺼려하는 것이 있습니다. 좀 전의 표현을 이용하자면 마음에 힘이 들어가 있는 겁니다.

이런 사람들은 자신감이 없는 경우가 많습니다. 그리고 마음에 상처를 입는 것을 극단적으로 두려워하지요. 거꾸로 말하면, 그것은 자존심이 강하다는 의미입니다.

결국 자신을 지나치게 소중하게 여기기 때문에 자신의 결점을 드러내는 행동을 하지 못하는 것이지요.

자존심이 강한 사람은 항상 완벽을 추구합니다. 다른 사람에게 결점을 드러내는 것은 자신에게 마이너스라고 생각합니다. 그러나 완벽한 인간이 과연 세상에 있을까요?

나는 가능한 한 있는 그대로의 자신을 솔직하게 드러내려고 합니다. 결점도 드러내려고 하고 있습니다. 감추어 봐야 어차피 없어지지도 않는 것이니까요.

나의 결점을 드러내는 것에는 또 한 가지 이점이 있습니다. 내 결점을 보게 된 상대가 안심하는 것입니다. '저 친구에게도 저런 약점이 있었군' 하고요.

사람이란 상대방의 약점을 쥐면 여유가 생깁니다. 그것을 거꾸로 이용하자는 거죠.

맑은 물에는 물고기가 살지 못합니다. 낙엽이라도 떨어져서 떠다니는 곳이 살기에 더 좋은 법입니다. 그러니 편안하게 지내십시오.

그러나 여러분 중에는 지나치게 편해서 간혹 남을 전혀 배려하지 않는 사람도 있습니다.

이렇게 지나치게 제멋대로인 사람 역시 곤란합니다. 그런 사람은 상대의 마음을 살피는 기술을 조금은 터득해야 할 것입니다.

책을 읽는 젊은이에게

나를 존중하고 사랑하는 사람은 자신을 대하듯 타인을 그렇게 대하게 된다.

모든 사람에게
기쁨을 주자

돗토리(鳥取)에 살 무렵, 존경하는 선생님의 집에 놀러 간 적이 있습니다.

"너 요즘 제대로 먹지 않는 것 같구나. 우리 집에 한번 오렴." 하며 불러 주셨던 것입니다.

특별히 진수성찬이 준비되어 있었던 건 아니었습니다. 그저 가족들과 함께 식사나 하자는 조촐한 초대였으니까요.

하지만 나는 오랫동안 가족과 떨어져서 자취를 했던 터라 진수성찬보다도 이처럼 자연스럽고 따스한 배려가 훨씬 더 반갑고 고마웠습니다.

바로 그날의 일입니다. 선생님 댁에서 식사를 하면서 문득 책장을 올려다보니 그곳에 목각 인형 하나가 있었습니다. 분명 전에 왔을 때는 없었던 것이었습니다.

나는 그게 어떤 인형인지 곧바로 알아보았습니다. 그것은 나의 고향에서 만든 것이었기 때문입니다.

아들이 신세를 지고 있다며 부모님께서 선물을 보내셨다는 이야기를 언젠가 들은 적이 있는데, 바로 그 인형이 장식으로 놓여 있었던 것입니다. 한참 동안을 그 인형에 대해 이야기꽃을 피웠음은 말할 것도 없습니다.

나는 그때, 선생님의 세심한 배려에 깊이 감동했습니다. 손님이 기뻐할 만한 것, 화제가 될 만한 것을 정성스레 놓아둔다는 것은 쉬운 일이지만 아무나 할 수 있는 것이 아닙니다.

여러분은 어떻습니까? 다른 사람을 위해 그 정도의 배려를 한 적이 있습니까? 혹은 누군가가 해 준 배려를 가슴으로 느끼고 고마워해 본 적이 있습니까?

학창 시절 다도(茶道)를 배운 적이 있습니다.

다도를 배우기 위해 다실에 들어갈 때는 반드시 도코노마(손님을 위해 장식을 놓아두는 방 한쪽의 공간)의 꽃이나 그림을 보며 나름대로의 인사를 하고 들어가야 합니다.

그때 나와 함께 배우던 다른 사람들은 단지 의례적으로, "꽤 괜찮은 꽃이군요." 하고 말할 뿐이었습니다.

그들은 신부 수업을 위해 왔으니 꽃 같은 것엔 흥미가 없다는 식이었습니다. 그런 건 알고 있었지만 좀 서글펐죠.

그렇지만 나는 식물에 관심이 있어서, "선생님, 이 꽃은 산에나 가야 있는 거지요? 고생이 많으셨겠군요. 아주 예뻡니다." 하고 말했습니다.

그러면 선생님은, "잘 아는군. 사실은 오늘 오전에 계속 찾아다니다가 겨우 발견한 건데." 하고 반갑게 말씀하십니다.

이렇게 시작된 수업이 부드럽게 이루어지는 건 물론이지요. 나는 한 번도 야단을 맞지 않았습니다. 게다가 저녁 식사까지 대접받았습니다.

보답을 기대하고 친절을 베푸는 것은 진정한 친절이 아닙니다. 상대가 기뻐하기를 바라며 사소한 배려를 하는 것이 중요합니다.

책을 읽는 젊은이에게
받는 기쁨은 짧고, 주는 기쁨은 길다.

작은 약속이라도
반드시 지켜라

'믿을 수 있는 사람.' 여러분은 믿을 수 있는 친구가 있습니까? 있다면, 그 친구가 미더운지 아닌지 무엇을 보고 판단한 것이지요?

여러분 나이에는 아직 그 친구가 믿을 수 있는지 없는지를 따지기보다는, 그저 같은 성향을 지닌 친구끼리 사이좋게 오순도순 지내는 것이 더 중요합니다.

그래서 나는 친구뿐 아니라 세상에서 일반적으로 말하는 '믿을 만한 사람'이란 어떤 사람인가에 대해 이야기하겠습니다.

여러분이 어른이 되어 회사를 경영하게 되었다고 가정해 봅시다. 이제 다른 회사 사람과 첫 거래 상담을 앞두고 있습니다. 그때 여러분은 상대가 믿을 만한 사람인지 아닌지를 무엇으로 판단하겠습니까?

보통 상대 회사 브랜드의 소비자 인지도, 상대의 표정과 말씨, 눈빛,

어휘력, 복장에서 풍기는 이미지 등 어떤 사람을 판단하는 데는 여러 가지 요소가 복합적으로 작용합니다.

그리고 그에 덧붙여, 약속 시간을 잘 지키는 사람을 들 수 있습니다. 약속한 시간에 항상 정확하게 나타나는 사람은 일단 믿을 만한 사람이라고 생각해도 됩니다.

물론 이것이 절대로 옳다고 할 수는 없지만 사람을 판단하는 데 중요한 한 기준이 될 수는 있습니다. 그것은 분명합니다.

대개, 적당히 대충 사는 사람은 시간관념 역시 해이합니다. 늘 허둥대며, 늘 약속 시간에 늦고, 그에 대한 변명이 무궁무진하게 준비되어 있는 사람, 이런 사람은 대부분 믿고 사귈 만한 사람이 아니라고 생각해도 좋습니다.

물론 자신도 뭐든 대충대충 넘어가는 사람이라면 비슷한 사람끼리 친하게 지낼 수는 있습니다. 하지만 그렇게 시원찮은 친분 관계가 아닌 사업 동반자를 찾고 있다면, 시간관념이 해이한 사람은 절대로 신용해서는 안 됩니다. 시간에 늦는다는 건 그만큼 다른 사람에게 손해를 끼치는 행위입니다.

이를 변명하거나 어찌 해서든 정당화하려고만 하는 사람은 믿지 마십시오. 그런 사람과는 절대로 거래해서는 안 됩니다.

그러니 작은 약속이라도 지키도록 노력합시다.

책을 읽는 젊은이에게

용기 있는 사람은 모두가 약속을 지키는 사람이다.

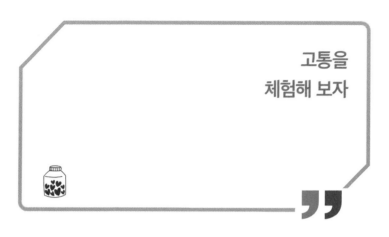

고통을 체험해 보자

19세기 프랑스의 사상가이자 종교학자이며 언어학자로 당대에 명성을 날린 르낭(J. E. Renan)을 알고 있습니까?

그가 쓴 책 중에 『예수전』이 있습니다. 그리스도의 행적을 그린 전기로, 출간 당시 국내외에 커다란 파문을 불러일으켰던 화제의 책입니다. 나는 이 책을 매우 인상 깊게 읽었습니다. 그 중에 다음과 같은 말이 나옵니다.

"그리스도는 죄를 짓지 않았지만 죄 지은 모든 사람의 슬픔을 알고 있었다."

이것은 『신약성서』에 있는 말입니다. 사도 바울이 자주 인용하던 말이었지요. 『예수전』에 있는 다음의 이야기를 소개하겠습니다.

어느 날 그리스도가 군중에 둘러싸여 걷고 있었습니다. 아니, 걷는다기보다 축제의 혼잡 속에서 사람들에게 밀려다니는 상태였습니다.

그때 가난하고 비천한 모습의 한 여자가 군중 속에 섞여 다가왔습니다. 그리고 주저하면서 그리스도의 옷자락을 만졌습니다.

그는 즉시 그것을 알고, "누가 나를 만졌느냐?" 하고 묻습니다. 그러자 그 여자는 두려워하며, "죄송합니다. 제가 그랬습니다." 하고 사죄합니다.

그리스도는 "네 믿음이 너를 낫게 하였다." 하며 그녀를 용서합니다.

이 이야기에 숨어 있는 의미를 이해하려면 약간의 설명이 필요합니다.

그리스도는 옷자락을 만진 순간 여자가 구원받고 싶어 한다는 것을 간파했습니다.

그녀는 자신이 죄인이라는 사실을 알고 있었던 것입니다. 그리스도의 옷자락을 만지면 죄 사함을 받을 수 있으리라 믿었던 그녀는 용기를 내서 그의 옷자락을 만졌습니다. 그러나 자신의 죄스런 손길이 죄송스러워 정말로 살짝 손댔을 뿐입니다.

그러나 그리스도는 여자의 손길에 깃들인 간절한 마음을 놓치지 않았습니다.

그리고 눈을 마주친 순간, 그 여성의 괴롭고 슬픈 과거를 순식간에 읽어내고는 그녀가 어떤 마음으로 자신 앞에 다가왔는가를 이해했습니다.

그리하여 그녀의 신상에 대해서는 아무것도 묻지 않은 채, 조금의 지체도 없이 즉시 그녀의 죄를 용서해 주었던 것입니다.

이 이야기는 불교에서의 귀자모신(鬼子母神) 이야기에 해당합니다.

아이를 잡아먹어 생명을 이어가던 한 귀신은 석가모니 앞에 이르러

비로소 아이를 가진 부모의 마음을 이해하게 됩니다. 그리하여 그 이후로 귀신은 다른 사람의 아이를 죽이거나 하지 않고 오히려 아이들의 수호신이 되었다고 합니다.

추하고 죄 많은 사람의 고통이나 슬픔을 마음으로부터 이해해 주는 이러한 행동은 평소에 삶에 대해 깊게 고뇌해 본 경험이 없는 사람에게서는 기대할 수 없는 것입니다.

백성들이 굶주려 폭동을 일으키자, "먹을 빵이 없으면 케이크를 먹으면 되잖아."라고 말했다던 프랑스의 마리 앙트와네트 왕비처럼 굶주린 사람을 전혀 이해하지 못하게 되는 것입니다.

인생을 살아가는 동안 괴로운 일, 슬픈 일, 고민 따위가 많을 것입니다.

그것을 깊고 강하게 체험하는 사람일수록 다른 사람에게 관대해질 수 있습니다.

책을 읽는 젊은이에게
고통은 창조의 힘이 된다

지혜로운 삶에 대하여
삶은 선택이다

생활을 하다보면 결정을 내려야 하는 일들이 주변에 즐비합니다.

많은 사람들은 이런 일로 때로 심각하게 고민하기도 하고

좀처럼 결정하지 못하기도 합니다.

특히 부자는 그가 가진 부 때문에 모험을 하지 못합니다.

마찬가지로 수재들은 그 똑똑함 때문에 생각만 할 뿐

행동에 옮기는 것을 주저하는 경우가 많습니다.

반면에 보통사람은 깊은 생각 없이,

무언가가 하고 싶어지면 조바심이 나서 즉시 덤벼들어 시작합니다.

자, 어느 것이 현명한 삶의 방식일까요?

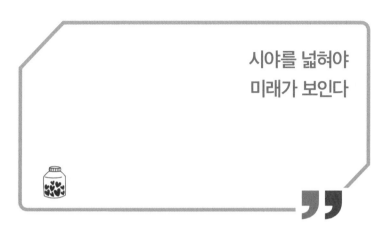

시야를 넓혀야
미래가 보인다

요즘에 등교 거부라는 말을 자주 듣습니다. 나도 지금까지 등교를 거부하는 몇 명의 학생들과 접해 왔습니다. 그들 중에는 학교로 돌아온 경우도 있고, 노력한 보람도 없이 끝내 연락을 끊어 버린 아이도 있습니다.

등교 거부를 하는 학생들에게는 몇 가지의 공통점이 존재합니다. 그 몇 가지 공통점 가운데 오늘은 한 가지에 대해서만 이야기하겠습니다.

이 학생들의 특징은 성실하다는 점입니다. 불성실하다거나, 무슨 일이든 적당 적당히 대충 하는 사람은 일단 등교 거부를 하는 일이 없습니다.

예를 들어, 개근을 하겠다고 결심했다고 칩시다. 그러면 몸이 좋지 않든 무슨 사정이 있든 이를 악물고 등교합니다.

물론 개근을 목표로 하는 학생들이 모두 등교 거부를 한다는 의미는 아닙니다. 단지, 그런 학생들은 개근뿐 아니라 무슨 일이나 완벽하게 하고 싶다는 욕구가 강한 경우가 많습니다. 그리고 누구에게도 지고 싶지 않다는 오기가 있습니다.

반복해서 말하지만, 이런 학생들이 모두 등교 거부를 하게 되는 건 아니라는 점을 잊어서는 안 됩니다.

그런데 어쩌다가 정말 피치 못할 사정으로 한 번 결석을 하게 되면 이들은 학교에 다닐 의욕을 잃어버립니다. 목표가 사라져 버린 것이니까요.

그래서 아예 등교를 거부해 버립니다. 이때 등교를 하지 않게 된 학생의 부모는 아이를 필사적으로 학교에 보내려고만 합니다. 교사도 그렇습니다.

하지만 나는 달리 생각해 봅니다. 등교 거부는 자기다움을 요구하는 외침이라고.

이 학생들은 학교라든가, 생활을 즐기려고 하지 않는다는 공통점이 있습니다. 지나치게 성실한 것입니다. 여유가 없습니다. 공부도 남달리 열심히 하는 사람이 많습니다.

그것이 문제입니다. 확실히 뭐든 잘하는 우등생 타입의 학생도 반드시 있습니다. 그러나 대부분의 고등학생은, 아니 어른이라도, 어딘가에 힘을 발휘할 수 있으면 반드시 다른 어떤 한 가지 일에는 뒤떨어지게 마련입니다.

그들은 쉬는 데 서툽니다. 분명히 말해 두지만, 그렇게 초조해하면서 뭐든 다 얻으려고 열을 낼 필요는 결코 없습니다.

등교 거부는 그런 자신에 대해 경고하는 일종의 영혼의 외침인 것입니다.

인생은 총괄적으로 보아야 합니다. 무리를 해 봤자 결국 지칠 뿐입니다. 인간에게는 각자 자신에게 맞는 능력과 한계가 있습니다. 그러니 안달복달하며 초조해하지 않아도 됩니다.

도중에 좀 돌아가면 어떻습니까? 길을 돌아가다 보면 반드시 눈 한 번 돌리지 않고 똑바로 간 사람들은 하지 못하는 체험을 할 수 있습니다. 비행기 여행도 좋지만 도보 여행 역시 좋은 것입니다.

어떤 것이 감동적인 인생을 보낼 수 있는 방법인지 한번 생각해 보십시오.

나는 등교 거부 학생과 마주하게 되면 늘 말합니다. '2년이나 3년 정도 옆길로 새보는 것이 순풍에 돛을 단 듯한 인생보다 훨씬 멋진 공부가 될 거라고. 또한 마음도 풍요로워질 거라고.'

부모님들이 아시게 되면 펄쩍 뛰시겠지만, 절대로 그렇다고 생각합니다.

나는 학생들이 무엇보다 인생을 전체적으로 본다는 시야를 가졌으면 합니다. 그러면 눈앞의 작은 결과에 초조해 하지 않게 됩니다.

그때서야 자신이 지금 어떻게 살아야 할지 눈에 보일 것입니다.

책을 읽는 젊은이에게
자꾸 보고 들어야 시야와 안목이 넓어진다.

용기라는 것은 무섭고 힘든 일에 부딪혔을 때만 발휘하는 것이 아닙니다. 자신을 이기기 위해 발휘해야 할 용기라는 것도 있습니다.

대학 2학년 때의 일입니다. 나는 그 무렵 학장 선생님 집에서 숙식을 하며 학교를 다녔습니다. 거기서 학생 비서 같은 일을 하고 있었지요.

그때 배운 것은 정말로 귀중한 것이었습니다.

학교 수업에서는 경험할 수 없는 일들을 헤아릴 수 없이 많이 겪었습니다.

어느 날 나는 학장님과 함께 학교 안을 거닐고 있었습니다. 그 학교는 유치원부터 대학까지 같이 있어서 부지가 굉장히 넓었습니다. 그 부지의 언덕을 산책하고 있다고 생각해 주십시오.

그때 나는 문득 재미있는 생각이 떠올랐습니다. 그래서 선생님께 말쏟드렸습니다.

"선생님, 이 넓은 부지 안에 감나무를 심으면 멋지겠는데요. 거기서 아이들이 몰려다니며 뛰노는 모습을 생각만 해도 흐뭇하지 않습니까? 그런 게 바로 진정한 자연 교육이 아닐까요?"

"음, 그거 좋겠군. 아주 훌륭한 생각이야. 아이들을 위해서 정말 좋은 일을 하는 게지. 좋아, 자네 지금 나무 시장에 다녀오게나. 비용은 1백만 엔에서 5백만 엔 정도 하겠군. 1만 그루도 좋고, 10만 그루라도 좋아. 그 중 1퍼센트라도 뿌리를 내려 감이 휘어지게 열리면 대성공이지. 바로 시작하게나."

그 무렵 이과계 사립대학교의 입학금은 20만 엔 정도였습니다. 그러니 1백만 엔이라는 돈은 나의 이해를 초월하는 큰 금액이었습니다.

문득 두려운 생각이 들었습니다. 그래서 이렇게 대답했습니다.

"하지만 선생님, 저는 매일 수업이 있고, 이 넓은 땅에 전부 감나무를 심으려면 6개월에서 1년이 걸릴 텐데요. 그러면 저는 진급을 할 수 없습니다."

"무슨 소릴 하는 거야? 보람 있는 일을 하는 데 1년 정도 유급하면 뭐 어떻다구 그러지?"

"……"

"자네도 다른 사람과 다를 게 없군."

지금에서야 후회가 됩니다. 그때 왜 "선생님 해 보겠습니다." 하고 외치지 못했을까 하고. 만약 그랬다면 분명 내 인생은 달라졌을 것입니다.

아이들이 즐거워하도록 자신의 인생 일부를 바칠 만한 용기가 있었다면.

선생님은 그런 인생을 실천해 오신 분이었습니다. 그래서 내 아이디어를 들었을 때 속으로 반가웠을 게 분명합니다. '맞아, 이 친구 말대로 정말 좋은 일이야. 기회를 한 번 줘보자', 이렇게 생각하셨을 것입니다.

그러나 그때 나는 일의 엄청난 규모에 짓눌려 당장 변명하기에만 급급했던 것입니다.

그 일은 분명 내 인생의 커다란 전환점이었으리라는 생각에 안타깝기 그지없습니다. 그것을 피해 버린 자신이 지금 생각해도 한심합니다.

여러분은 부디 이런 후회를 하지 않게 되길 바랍니다.

책을 읽는 젊은이에게
용기란 두렵더라도 계속하는 것이다.

쓸데없는 일도
한 번쯤은 해보자

조금은 엉뚱할지 모르지만, 이번 이야기의 주제는 '쓸데없는 일을 크게 벌이자'입니다.

여러분은 "에이, 선생님은 항상 쓸데없는 짓 하지 말라고 말씀하시지 않았나요?" 하고 말할 겁니다.

그래서 지금 쓸데없는 일을 하라고 굳이 호소하는 것입니다.

나는 여러분이 쓸데없는 일을 많이 했으면 합니다. 그리고 때로는 다른 사람들이 어이없어할 만할 정도로 바보 같은, 치기 어린 일도 했으면 합니다.

공부는 썩 잘하지도 못하면서, 선생님에게 짓궂은 장난만 하던 학생이 있었습니다.

장난 자체는 칭찬 받을 일이 아닙니다.

하지만 그 학생은 순수한 장난기가 발동해 장난에 온 신경을 기울이는 경우가 많았습니다. 그럴 때 그 학생의 눈은 그렇게 반짝거릴 수가 없었습니다.

바로 그렇게 무슨 일이든 몰두해 보라는 것입니다.

남에게 해를 주는 나쁜 일이나 위험한 장난은 곤란하겠지만, 기상천외한 일은 의외로 인생에 대해서 무언가를 시사해 주는 바가 있습니다.

이러한 삶을 사는 사람은 먼 훗날에도 남과 다른 독특한 인생을 보낼 것 같은 생각이 듭니다.

나도 어릴 때부터 꽤나 장난꾸러기였습니다. 그래서 어리석은 행동도 많이 했습니다.

고등학교 때, 추억을 위해 졸업식 날 학교에서 제일 높은 은행나무 꼭대기에 걸레와 빨간 리본을 묶어서 기념으로 남겼던 적이 있습니다. 딱히 이유 같은 건 없었고, 단지 높은 곳으로 올라가고 싶었을 뿐입니다.

그런데 졸업하고 나서 3년의 시간이 흐른 뒤 모교를 찾아갔을 때 그 리본이 그대로 매달려 펄럭이고 있었습니다. 어찌나 반갑고 기뻤던지!

또 틈만 나면 교정에 나가 가꾸곤 하던 화단 역시 그대로 남아(결국 그 후에도 누군가가 계속 손질을 해 주었을 테지만), 예쁜 꽃을 피우고 있었던 것도 인상적이었습니다.

그래서인지 어른이 되어서도 '풀피리 불기' 같은 남다른 재주로 여러 사람을 즐겁게 할 수 있게 되었습니다. 젊었을 때 만약 야산을 쏘다니며 놀지 않았더라면, 풀이나 꽃을 소재로 한 글 역시 쓰지 못했을 것입니다.

이처럼 쓸데없게 보였던 것일지라도 반드시 나쁜 결과로 이어지는 것은 아닙니다.

아무튼 쓸데없는 일에는 큰 에너지가 필요합니다. 전력을 다해 그런 일을 할 수 있는 사람은, 분명 쓸모 있는 일에는 더욱 큰 힘을 발휘할 것이 틀림없습니다.

생각해 보십시오. 세상에는 쓸모없는 일들이 모여서 대단한 일을 벌이는 경우가 많지 않습니까?

야구만 해도 그렇습니다. 덩치 큰 남자들이 작은 공 하나를 던지고, 방망이로 때리고, 선을 따라 뛰는 일로 아우성을 칩니다. 또한 사람들은 일부러 비싼 돈을 들여 그것을 보러 갑니다.

골프도 마찬가지입니다. 작은 공 하나를 코끼리 귀이개 같은 작은 막대기로 쳐서 구멍에 넣고는 기뻐하지요. 그런 바보 같은 일에 사람들은 목숨까지 걸고 있는 것입니다.

여러분 중에 청춘의 모든 것을 걸고 어리석은 일에 도전할 사람 없습니까?

책을 읽는 젊은이에게
세상에 쓸데없는 일은 없다.

실패를 두려워하면 큰일을 할 수 없다

"산다는 것은 곧 선택하는 것이다." 이 말은 진리입니다.

생활하다 보면 결정을 내려야 하는 사소한 일들이 많습니다. 가령 패스트푸드 점에서 햄버거는 무엇으로 정해야 할지, 커피가 좋은지 홍차가 좋은지 등등 주변에는 매순간 우리의 결정을 기다리는 것들이 즐비합니다.

하지만 많은 사람들은 이런 일로 때로 상당히 심각하게 고민하기도 하고 좀처럼 결정하지 못하기도 합니다. 다행히 이 정도의 고민이라면 인생에 큰 영향을 끼치지 않을 것이라는 생각이 들지만요.

지금은 그보다는 중요한 이야기를 해 보겠습니다.

누구라도 머리가 나쁜 것보다는 명석한 것을 좋아하겠지요. 하지만 저는 반드시 그렇지만은 않다고 생각합니다.

물론 명석한 머리가 득이 되는 경우가 많이 있을 것입니다. 머리가 좋으면 능력 있고 멋있습니다. 또 남들에게 선망의 대상이 되기도 합니다.

그것은 인정합니다. 그러나 머리가 좋기 때문에 곤란한 경우도 꽤 있습니다.

예를 들면, 영리한 사람은 뭔가를 하기 전에 멀리 앞을 내다봅니다. 그러므로 당연히 그 일에 따르는 괴로움이나 고생도 예측할 수 있습니다. 따라서 그 일에 착수하기를 망설입니다.

결과적으로, 생각만 할 뿐 행동에 옮기는 것을 주저하는 경우가 많습니다.

보통 사람은 아무 생각도 없이, 무언가가 하고 싶어지면 조바심이 나서 즉시 덤벼들어 일을 시작합니다. 때로는 그것이 어떤 과정을 거쳐 어떤 결과를 초래할지 생각하지도 않고 시작해 버립니다. 그래서 나중에 혼이 나는 적도 꽤 있습니다.

반면에, 영리한 사람들은 보통 사람이 보지 못하는 부분을 보고는 겁을 냅니다.

그러나 인생이 반드시 이치대로만 진행된다고 단정할 수는 없습니다. 실제로 체험해 보지 않으면 알 수 없는 측면이 항상 있는 법입니다.

실패하면 몸도 마음도 엉망진창이 될지 모릅니다. 하지만 엉망진창이 되지 않고는 깨닫지 못할 일도 있습니다.

어쨌든 위험 부담이 큰일을 계획할 때 영리한 사람은 앞일을 너무 재느라고 결국 결단을 내리지 못하는 함정에 빠지고 마는 것입니다.

시대를 변화시킬 만한 큰일을 해낸 사람이 반드시 최고로 머리가 좋은 사람은 아니었습니다. 오히려 그 사람은 그다지 머리가 좋지 못한 사람이 아닐까 하고 추측해 봅니다.

'머리가 좋지 못하다'라는 표현은 별로 좋지 않군요. 지나치게 앞날을 재지 않는다고 바꾸어 말하기로 하죠. 그리고 다소의 무모함도 필요합니다. 그런 사람이 순수하게 목표를 향해 돌진하는 것은 아닐까 싶습니다.

아무튼 자신이 가진 것을 그대로 순수하게 받아들이고, 용기를 갖고 결단하고, 일단 결단했으면 단호하게 나아가는 의지를 지니는 것이 좋지 않을까요. 실패를 하더라도 괜찮습니다.

부자는 그가 가진 부 때문에 모험을 하지 못합니다. 마찬가지로 수재들은, 그 똑똑함 때문에 행동에 돌입하지 못합니다. 그 사이에 우리 같은 보통 사람들의 역할이 있는 게 아니겠습니까?

그렇게 생각하다 보니 어쩐지 자신에게도 무대의 중앙에 나설 차례가 있을 것 같은 생각이 들지 않습니까?

책을 읽는 젊은이에게
오늘 실패한 사람이 내일에 가서는 성공하는 법이다.

독서는 창의적 영감의
보물창고다

　얼마 전 신문에 젊은이들의 독서 기피에 대한 기사가 실린 것을 보았습니다.

　정말 요즘 젊은이들은 독서를 하지 않더군요. 그 통계에 의하면 고교 2학년 가운데 한 달에 책을 한 권도 읽지 않는 학생이 전체의 40%에 달합니다.

　젊은이들의 독서 기피를 줄일 수 있는 획기적인 조치가 필요하다는 의견이 실려 있었던 걸로 기억합니다.

　하지만 정말로 그래야 할까요? 도대체가 세상에는 재미있는 일이 도처에 넘쳐나고 있는데 독서 따위를 할 틈이 있겠습니까?

　나는 옛날 사람들이 독서를 많이 했다고 하는 말은 거짓말이라고 생각합니다.

글쎄요. 만약에 거짓말이 아니라면, 책을 읽는 것 외에는 놀만한 거리가 없었기 때문이 아닐까요? 그 증거로 옛날에 독서가였다고 주장하는 지금의 기성세대들은 과연 책을 얼마나 읽고 있습니까?

여러분의 부모님을 가만히 지켜보십시오. 물론 귀중한 시간을 독서에 할애하는 사람도 없지는 않을 것입니다. 그러나 대부분은 책을 읽지 않습니다.

업무에 관한 책을 제외하면 책을 읽는다고 말할 수 있는 사람은 아마 그렇게 많지 않을 것입니다.

정말로 독서를 좋아한다면 나이와 직업은 문제가 될 수 없습니다. 하지만 입시 공부와 같은, 단순한 수단으로서의 독서는 지양하길 바랍니다.

이런 류의 독서는 필요하지 않게 되면 언젠가는 잊혀져서 주간지나 다른 뭔가로 대체되어 버릴 것입니다.

현대의 젊은이들은 텔레비전, 게임, 만화, 유원지나 수영장 그리고 학원이나 피아노, 특별 활동, 쇼핑 등으로 바쁩니다. 그리고 여름 방학 같은 때는 밀린 공부와 모처럼의 여행으로 바쁘고요. 이래 가지고야 독서를 할 겨를이 있겠습니까? 애초에 책을 읽으라고 하는 게 무리라는 말입니다.

하지만 이렇게 말하면서도 나는 역시 모두에게 독서를 권하고 싶습니다. 누가 뭐래도 독서는 좋은 취미이니까요.

국어 선생님처럼 명작을 읽으라고는 하지 않겠습니다. 재미있다고 생각하는 책이면 뭐든 많이 읽으십시오.

그러는 가운데 자신에게 도움이 되는 책이 반드시 눈에 띄게 될 것입니다. 그리고 여러 가지 생각을 하게 될 것입니다. 이것이 중요합니다.

나는 좋은 책에는 두 가지 종류가 있다고 생각합니다.

하나는 무엇보다 읽어서 재미있는 책입니다. 그것을 보고 웃기도 하고, 화를 내기도 하고, 전율도 하고, 감동하거나 울기도 하는, 텔레비전 드라마 같은 책 말입니다.

이런 책은 기분이 울적하거나 뭔가 꽉 막힌 듯할 때 기분 전환용으로 좋습니다.

소설로서의 완성도 같은 건 따지지 않아도 좋습니다. 아무 데나 펼쳐서 읽어도 좋고, 언제 읽어도 아이디어의 보고입니다. 꼼꼼히 읽고 싶을 때는 전집에 있는 책을 꺼내 앉아서 읽고, 누워 뒹굴면서 읽고 싶을 때는 문고본으로 읽습니다.

그래도 기분이 풀리지 않을 때는 어떻게 하느냐고요? 잠을 잡니다. 아니면 좋아하는 산에 올라갑니다. 자연을 접하고 있노라면 독서 이상의 에너지가 솟곤 하니까요.

어쨌든 어떤 책이라도 좋으니 책을 많이 읽도록 하십시오.

책을 읽는 젊은이에게
당신에게 가장 필요한 책은 당신으로 하여금 가장 많이 생각하게 만드는 책이다.

아는 것은
무조건 실천하라

존경하고 싶을 정도로 훌륭한 사람은 아니지만 왠지 그 사람의 무심한 한 마디가 마음에 남았던 적은 없었습니까?

나는 있습니다. 고등학교 때인가 대학 때인가, 임시 강사로 오신 나이 드신 선생님이 한 분 계셨습니다. 그 선생님의 수업은 고리타분하고 따분하기 이를 데 없어서 그 선생님의 수업 시간이면 저는 멍청하게 앉아 있을 뿐, 강의를 제대로 듣지도 않았습니다. 한데 그 분 이야기 중에 딱 한 가지 마음에 남는 게 있었습니다.

선생님은 이렇게 말씀하셨습니다.

"여러분 중에는 평소에는 형편없는 생활을 하면서도, 사실 '진짜 자신의 모습은 훌륭하고 모범적이다, 결정적인 상황에서는 현명하고 민첩하게 행동할 수 있다'라고 말하는 사람이 있습니다. 하지만 저는 그 말을 믿지 않습니다."

그 분의 말에 의하면, 지금 보이는 대로의 모습이 바로 그 사람의 인격이라는 것입니다. 그 말은 『논어』에 있는 이야기입니다.

나는 그 당시에는 그 분을 단순히 구닥다리 영감이라고 생각했을 뿐이었습니다. 그러나 지금 돌이켜 생각해 보면, 그 분은 대단히 훌륭한 분이었다는 생각이 듭니다.

그래서 내가 그 한 마디를 아직까지도 기억하고 있는 겁니다.

그 분은 『논어』의 한 마디 한 마디를 매일 실천하려고 노력하고 계신 듯 했습니다. 그것은 조금의 과시도 없는, 일상생활 속에서 수수하게 행하는, 드러나지 않는 실천입니다.

그런 일에는 대단한 노력이 필요합니다. 그야말로 평생을 통해 말과 행동을 일치시킨다는 것은 지극히 헌신적 행위임에 틀림이 없으니까요.

우리 주변에 이처럼 한 가지 가르침을 진심으로 실천하는 사람이 어디 눈에 띄거나 하겠습니까? 스님이나 목사님 같은 사람들이 그 전형이라고 생각되지만 그들은 너무 근엄한 얼굴을 하고 있으니 가까이 다가가기가 어렵습니다.

어쨌든 말과 행동을 일치시키려고 남몰래 애쓰는 것은 '스스로 납득할 수 있는 삶'으로 향하는 가장 빠른 지름길이라는 것을 분명히 말해 둡니다.

책을 읽는 젊은이에게
길을 아는 것과 길을 걷는 것은 분명히 다르다.

개척정신을 기르자

얼마 전에 텔레비전에서 불상에 색을 입히는 여성 장인을 다룬 다큐멘터리를 보았습니다. 나는 뭔가에 몰두해 있는 사람을 무척 좋아합니다. 그래서 씻어야 된다는 생각도 잊은 채 끝까지 보았습니다.

불상을 만드는 사람을 '불사'라고 한다고 들었습니다. 그리고 그 불상에 착색을 하거나 무늬를 그려 넣는 사람을 가리켜 '채색사(彩色師)'라고 한다더군요.

그녀는 몇 명의 제자를 두고 엄격한 수행을 하면서 일을 하고 있었습니다. 주위 사람들의 이야기에 의하면 그녀의 역량은 엄청나다고 말합니다. 유감스럽다고 해야 할지, 다행이라고 해야 할지 현재 국내에서는 경쟁 상대가 없을 정도라고 합니다.

여기서 잠시 내 이야기를 하겠습니다. 내가 '개복치'에 대한 연구를 시작한 동기는 바로 경쟁 상대가 없다는 것이었습니다. 고등학교 교사를 하면서 연구를 하자면 모두가 주목하는 분야로는 프로 연구자들을 따라갈 수가 없습니다. 그래서 연구자가 아무도 없는 길을 선택한 것입니다.

그러나 제 경우는 그녀와는 근본적으로 다릅니다. 저는 경쟁 상대가 없다는 걸 핑계로 철저하게 게으름을 피우고 있습니다.

여담 한 마디를 하자면, "당신의 경쟁 상대는 누구입니까?"라는 질문에 그 여성은 이렇게 말했습니다.

"바로 나 자신이겠죠?"

목표로 삼은 사람이 자기 자신이라는 게 너무나 멋지지 않습니까?

"불도를 배우는 일은 자신을 배우는 일이다."

도원(道元)이라는 사람의 말입니다. 참으로 인상적인 말이라고 생각합니다. 그의 기백은 제자들에게 전달되어 훌륭한 제자들을 키워 냈습니다. 내가 생각하기에, 이처럼 격렬한 기백이 있는 사람과 함께 일을 하면 그 밑의 제자들 또한 훌륭한 작품을 만들 수 있게 될 것 같습니다.

젊은 세대 중에도 이런 외곬의 미를 추구하는 사람들, 이해(利害)를 초월하여 자신의 길을 찾아가는 사람들이 있습니다. 반가운 일입니다. 어쩌면 이 사람들은 다른 사람들의 평가는 염두에조차 두지 않을 것입니다.

여러분은 그 여성처럼 자신의 길을 찾는 사람이 되기 바랍니다.

책을 읽는 젊은이에게
스스로가 어떤 두려움도 없이 자신의 길로 나아가라.

일류 비평가보다는
삼류 실천가가 되자

"우리 학교 체육 대회는 너무 시시해. 중학교 때는 참 재미있었는데, 여러 가지 행사도 많았구. 우리 학교는 어째서 재미있는 행사를 하지 않는 거야?"

이런 불평을 일지에 써 놓은 사람이 몇몇 있었습니다.

그들의 마음은 충분히 이해하지만 그 의견에 동의하고 싶지가 않군요.

왜 그런 줄 아십니까?

체육 대회를 누군가가 재미있게 '만들어 주기를' 바라는 수동적인 발상이 마음에 들지 않기 때문입니다.

그들에게는 멋진 대회를 자신들이 직접 만들어 내겠다는 능동적인 자세가 부족합니다.

생각해 보십시오.

여러분 모두를 위한 체육 대회입니다. 물론 위험한 행사는 금할지도 모르지만 여러분의 희망 사항을 토대로 계획해서 개최되는 것입니다.

여러분에게 어떤 행사를 하는 것이 좋겠느냐고 물었을 때는 아무것이나 상관없다는 태도를 보이며 비협조적이었지요. 그런 사람들이 나중에 가서는, "우리 학교 체육 대회는 정말 재미없어." 하며 투덜댑니다.

확실히 여러분은 지금까지 주어진 재미에만 젖어 인생을 살아왔습니다.

공부도 재미있게 가르쳐 줍니다. TV는 아무 생각 없이 보고 있기만 해도 재미있습니다.

맛있는 요리는 음식점에 가면 항상 먹을 수 있습니다. 마찬가지로, 체육 대회도 중학교 때까지는 선생님이 재미있는 행사를 많이 준비해서 참가시켜 주었습니다.

이런 생활 속에서 여러분은 노력하지 않고 모든 일을 받아들이는 습관이 몸에 배어 버렸습니다.

그런 생활 속에는 땀 흘리고 얻는 기쁨, 재미를 만들어 내는 수고는 눈곱만치도 느껴지지 않습니다.

하지만 그 와중에도 눈은 여러 가지 수준 높은 것들을 보기 때문에 비평 정신만은 발달해 있습니다.

'일류 비평가보다 삼류 실천가가 되어라.'

저는 여러분에게 이렇게 호소하고 싶습니다.

이 세상에는 말만 번드르하고 결국은 아무것도 하지 않는 사람들이 많이 있습니다.

한 예를 들자면, 누군가의 문장을 이러쿵저러쿵 비평하는 사람이 있습니다. 한데 이런 사람들이 정작 자신은 아무것도 쓰지 않는단 말입니다.

우선 써 보십시오. 그렇게 간단하게 쓸 수 없다는 것을 알게 될 테니까요. 설사 어쩌다 좋은 작품을 하나 썼다고 해도, 계속 쓴다는 게 얼마나 힘든지 알게 될 것입니다.

뭐든 좋으니까 직접 한 번 해 보십시오. 아주 작은 일이라도 얼마나 힘든 수고가 필요한지 깨닫게 될 것입니다.

실패하면 좀 어떻습니까?

아무것도 하지 않으면서 세계를 다 안다는 듯이 행동하는 사람보다 힘들여서 작은 것을 얻은 사람을 나는 더 인정하고 싶습니다. 적어도 그것이 '실존적인', 즉 '진짜로 사는 삶'이라고 생각합니다.

되풀이해 호소합니다.

'삼류라도 좋다, 실천하는 사람이 되어라!'

책을 읽는 젊은이에게

실행이 곧 전부다. 아이디어는 과제 극복의 5%에 불과하다.

메모하는 습관을 기르자

내가 아주 좋아하는 시인 가운데 미야자와 겐지가 있습니다. 결혼 기념으로 겐지의 전집을 친구가 선물해 주었습니다.

나는 그것을 가끔 뒤적거리면서 여러 가지로 많은 도움을 받고 있습니다.

겐지에 대한 여러 이야기 중 내게 가장 인상 깊었던 것은 그의 수첩입니다.

그는 어딜 가나 항상 수첩을 가지고 다녔다고 합니다.

겐지에게 배운 한 학생에게서 들었는데, 그는 야외 수업과 현장 수업을 아주 즐겼다고 합니다. 틈나는 대로 학생들을 들판으로 데리고 나가서 직접 느끼도록 하면서 열심히 가르쳤답니다. 그야말로 산교육이었던 셈이죠.

그런데 재미있는 것은, 그는 수업 중에 갑자기 멈춰서서 끊임없이 무엇인가를 적었다고 하는 사실입니다. 학생들은 방치해 둔 채로 말입니다.

시나 소설 또는 재미있는 아이디어가 떠올라 그것을 적으라고 그랬던 것입니다.

나는 이런 느낌을 잘 이해할 수 있습니다.

사실은 나도 몇 권의 작은 수첩을 항상 가지고 다닙니다. 수업 시간에는 가지고 들어가지 않지만, 특별활동 시간에는 꼭 가지고 들어갑니다.

평소 생각한 것, 아이디어, 문득 떠오른 멋진 단어, 멜로디 등 닥치는 대로 그곳에 적어 둡니다.

사람이란 단편적으로는 감탄할 만큼 훌륭한 일을 생각하거나 말하기도 합니다.

그것은 누구나 마찬가지일 것입니다. 하지만 그런 멋진 발상은 떠올랐다가는 사라지고, 말을 한 다음에는 잊어버리기 때문에 그대로 두면 바람처럼 사라지고 남지 않습니다.

언어는 기록하지 않으면 남지 않습니다. 그러니까 존재하지 않았던 것과 마찬가지입니다.

재미있는 아이디어 같은 것도 마찬가지입니다. 그러므로 잊지 않도록 기록해 두는 것이 중요합니다. 한참 시간이 지난 후 다시 그 메모를 마주했을 때, 그때 새로운 창조가 이루어지는 것입니다.

가령 여러분 중에 소설을 쓰려는 생각을 가진 사람이 있다고 칩시다. 그러나 갑작스레 밤을 꼬박 새워 글을 쓰려고 한다면 무리입니다. 그게 가능하다면 천재지요.

글을 쓰기 위한 가장 좋은 방법은 소설의 소재에 대해 고민하고, 다양한 정보를 얻기 위해 항상 주변을 관찰하고 생각하는 습관을 들이는 것입니다.

그러면 가끔 생각이 떠오릅니다. 그것을 놓치지 않고 메모해 두는 겁니다. 나중에 그 작은 메모들로 소설 속의 여러 정경을 묘사할 수 있을 겁니다. 작은 생각의 단편들이 하나의 완성된 구조물로 변하는 것입니다.

나는 이것을, "양의 변화는 질의 변화를 가져온다."라는 말로 표현하고 싶습니다.

이것은 단순히 메모가 두 배가 되면 지식이 두 배가 된다는 단순한 의미가 아닙니다. 두 배가 된 메모는 화학 작용을 일으켜 더욱 정제되고 수려해진 문장이 되는 겁니다. 독가스인 염소와 위험한 나트륨이 화합하여 몸에 필요한 염분이 되듯 말입니다.

오늘 당장, 여러분에게 어울리는 작고 예쁜 노트를 하나 준비하십시오. 거기에 시도 좋고, 노래나 작문도 좋고, 뭐든 좋으니 떠오르는 대로 모조리 메모해 보십시오. 최소한 자신의 생각을 객관적으로 볼 수 있습니다.

책을 읽는 젊은이에게

기억하는 뇌는 머리에 있지만 기록하는 뇌는 손끝에 있다.

'충고를 받아들이는 것'은 능력이다

얼마 전에 다른 선생님들과 차를 마시면서 대화를 나누던 중, '어째서 요즘 젊은이들은 이러쿵저러쿵 변명이 많을까?' 하는 이야기가 나왔습니다.

10대들은 정말이지 감탄스러울 만큼 구구한 변명이 많습니다. 말할 필요도 없는 쓸데없는 것까지 굳이 변명을 늘어놓습니다. 이것은 어른도 마찬가지입니다.

그때 선생님 한 분이 아주 좋은 말씀을 해 주셨기에 여기에 소개합니다.

"자신에 대한 비판이나 충고를 받아들이는 것, 이것은 일종의 능력이며 실력이다."라는 말이 그것입니다.

그렇습니다. 자신이 불리하거나 괴로운 상태에 빠졌을 때, 그 괴로움을 순순히 받아들인다는 것은 인간적인 성숙과 도량이 없으면 불가능한 일입니다.

실력이 없는 사람일수록 그 부담을 피하려고 변명을 늘어놓기 마련입니다. 다른 사람의 충고를 받아들일 수 있다는 건 그만큼 스스로에 대해 자신과 여유가 있다는 것을 나타냅니다.

'수용적'이라는 것은 한 마디로 정의 내리기가 쉽지 않습니다. 하지만 무엇보다 상대에게 '이 사람은 수용적인, 혹은 순한 성격이다'라고 느끼게 하는 어떤 요소가 있는 것만은 확실합니다.

내가 보기에 그 요소는 무슨 일이든 있는 그대로 받아들일 줄 아는 능력을 뜻하는 것 같습니다.

지금처럼 각박한 세상에서는 수용적인 성품이 그 사람의 행복을 가로막는 경우도 있습니다.

수용적이기 때문에 오해를 받거나 속임수에 넘어가거나 이용당하거나 해서 괴로울 때도 많이 있을 것입니다.

하지만 이런 사람들은 그런 중에 더욱 성숙하고 포용적인, 더욱 수용적인 성격으로 변화합니다.

예를 들어, 젊을 때는 어떤 사람이 수용적이면 '단순한 사람'이라는 특유의 가벼운 이미지를 동반합니다. 중년에는 '속이기 쉬운 사람'이라는 느낌을 갖게 합니다. 그래서 대개는 무시당하지 않으려고 이런 성격을 살짝 감추기도 합니다.

그러나 오랜 세월이 지나고 세파에 시달리면서도 이런 특성을 잃지 않는 사람도 있습니다.

그렇습니다. 그런 사람이 분명 있습니다. 이런 사람은 오히려 그 개성이 빛나 보이고 그 어떤 것에도 흔들리지 않는 자기만의 세계를 간직한, 그야말로 확고부동한 격조 같은 것을 느끼게 해 줍니다.

내가 대학 때 만난 곤충학 선생님은 바로 그런 느낌을 주는 분이었습니다.

그 분은 언제 어디서나 벌레를 보기만 하면 어린애처럼 들뜬 마음으로 관찰합니다. 그리고 자신이 생각한 것을 그대로 입 밖에 내서 말합니다.

그 분과 이야기하다 보면 어디라고 딱 꼬집을 수는 없지만 참 좋은 사람이구나 하는 느낌과 함께 존경의 마음이 샘솟습니다.

그리고 그 사람에게는 자신만의 확고한 신념이 바탕에 있을 거라고 생각합니다.

사람들이 가진 가치관은 저마다 다르지만 나는 내가 노인이 되었을 때 품위를 갖춘 사람, 즉 안정감 있는 수용성을 갖추어야겠다는 생각을 해 봅니다.

여러분은 어떻습니까?

책을 읽는 젊은이에게
남의 충고를 달갑게 받아들여라.

입신 출세주의라고 하면, 지금은 다른 사람을 밀어내어 자기만 위대
해지고, 유명해지고, 부자가 되어 금의환향하는 일인 것으로 여겨지고
있습니다. 왠지 음모와 책략으로 남을 짓밟는 듯한 느낌을 지니게 된 것
입니다.

하지만 몇 십 년 전만 해도 출세주의에는 그런 뉘앙스가 전혀 없었습
니다.

인간은 누구나 평등하므로 남을 눌러 제치고 출세하는 것은 마땅히
지양해야 합니다.

확실히 실력은 없으면서 명성이나 지위, 명예만 찾아다니는 사람이
이 세상에는 많이 있습니다. 출세 지상주의가 극성스럽게 활기 치는 지
금은 그런 사람이 더욱 자주 눈에 띕니다.

하지만 입신출세의 본래 의미는 '열심히 공부해서 세상에 꼭 필요한 사람이 되는 것'입니다. 그리고 그 결과, 모두가 기뻐할 수 있는 사회를 만든다는 그런 의미입니다.

생각해 보십시오. 출세를 위해 자신의 욕망만을 채우며 살아온 사람이 과연 세상사람 모두로부터 존경을 받는 훌륭한 사람이 될 수 있을까요?

이렇게 생각하면, 모든 이에게 존경을 받을 만한 훌륭한 사람이 되겠다는 '입신출세'가 왜 안 좋다는 건지 의문스럽습니다.

'몸을 세운다'는 의미는, 문자 그대로 스스로 살아간다는 것, 즉 홀로서기를 할 수 있는 사람이 되는 것입니다. 이름을 드높이는 존경받을 만한 훌륭한 사람이 된다는 것입니다.

금의환향하거나 부자가 되는 것은 그 결과이자 대가에 불과합니다. 세상 사람들은 자신이 그렇게 되지 못하는 것을 질투하여 입신출세에 대해 어딘지 '뒤가 구리는' 일들을 딛고 있다고 생각하게 된 것 같습니다.

가난해도 출세할 수 있습니다.

테레사 수녀님을 보십시오. 그 분은 무일푼이지만 이상적인 입신출세를 하지 않았던가요?

책을 읽는 젊은이에게
성공은 인생을 즐겁고 기쁘고 행복하게 마무리하는 것이다.

환경이
사람을 바꾼다

어제 대학 병설 도서관에 다녀왔습니다. 항상 느끼는 바이지만 대학 도서관은 독특한 안정감이랄까, 다른 곳에서는 느낄 수 없는 학문적인 분위기가 있어서 좋습니다. 두터운 전문서 읽기에 골몰해 있는 학생을 보고 있노라니 뭔가 신성함마저 느껴집니다.

학생뿐만이 아닙니다. 도서관에 빽빽이 꽂힌 책들을 바라보는 것만으로도, 가슴 뿌듯하고 든든한 느낌을 받습니다.

어제 그곳에 간 것은 중국의 『사고전서』라는 자료를 조사하기 위해서였습니다. 이는 중국의 수천 년 역사 동안에 출판된 유명한 글들을 전부 모아 놓은 것으로, 커다란 서가에 쭉 꽂혀 있었습니다. 두꺼운 책으로 몇 백 권이나 됩니다. 이 책들의 제목은 전부 중국어, 즉 한자로 되어 있어 중국과 같은 한자 문화권에 속한 우리가 알아보기 좋습니다.

그 『사고전서』 중에서 당나라와 한나라 시대의 문헌을 찾아냈는데, 아주 재미있었습니다. 마치 세계 역사의 목격자가 된 것 같아 마음이 바짝 긴장되더군요. 책장을 넘길 때의 감촉이 뭐라 말할 수 없이 좋았고, 그래서 마냥 행복했습니다.

이런 것을 '환경' 혹은 '분위기'라고 할 수 있습니다. '공기'라고 바꾸어 말해도 맞을 것입니다.

학문하는 분위기, 진지하게 사물을 추구하는 공기 속에 있으면 어느새 자신 역시 그런 삶을 살기 마련입니다. 마찬가지로 보기 흉하고 외설스럽고, 엉망인 환경에 있으면 어느 새 우리도 그렇게 되어 갑니다. 모르는 사이에 그런 삶의 분위기에 젖어드는 것입니다.

책을 읽는 젊은이에게
환경은 사람의 행동이나 습관에 많은 영향을 주고 있다.

 성공을 부르는 메모 방법

1. 항상 노트, 수첩을 가지고 다닌다

메모에 익숙해지는 첫 단계는, 언제 어디서든 메모할 수 있는 무언가를 항상 지니고 있는 것이다. 노트나 다이어리를 자주 볼 수 있는 상황을 만들면, 순간적인 발상이 떠오르거나 잊지 말아야 할 일정이 생겼을 때 자연스럽게 메모할 기회가 많아진다.

2. 예쁜 글씨체에 집착하지 않는다

메모는 특별한 형식이 필요 없다. 남에게 보여주기 위한 기록이 아니기에 자신만 알아볼 수 있을 정도로만 쓰면 된다. 깔끔한 글씨체에 신경 쓰는 대신, 찰나를 놓치지 않겠다는 각오로 편하게 메모에 집중해 보자.

3. 숫자, 기호를 활용해 3가지 포인트로 정리한다

자신에게 꼭 필요한 내용만을 선별해 세 가지 포인트로 요약하는 것이 도움이 된다. 메모하면서 중요한 내용에 밑줄을 긋거나 동그라미를 치고, 핵심 키워드는 색깔이 있는 펜으로 별도로 체크한다. 다시 봤을 때 한 눈에 알아보기 쉬우면 됩니다.

4. 마음이 불안하거나 고민거리가 있을 땐 일단 적는다

막연한 불안감이 피어 오를 땐 노트를 펼치고 자신의 고민거리나 마음을 불안하게 하는 요소를 하나하나 적어보자. 마음을 꾹꾹 눌러왔던 고민거리를 글로 써 내려가는 과정만으로도 자신이 처한 문제를 객관적으로 볼 수 있고, 마음이 한결 안정되는 것을 느낄 수 있다.

5. 하루 30분 메모 시간을 확보한다

그때그때 생각나는 아이디어를 놓치지 않는 것도 중요하지만, 최소 하루 30분은 나만의 메모 시간을 확보하는 것도 좋다. 하루 수업일정과 공부할 분량에 따라 액션플랜을 세우는 것부터 시작해볼 수 있다.

아름다운 삶에 대하여
젊음은 개성이다

사람들은 자신만의 개성을 제대로 드러내지 않으려는

경향이 있는 것 같습니다. 왜일까요?

쑥스러워서? 왠지 유난을 떠는 것 같아서?

물론 유난스러울 필요는 없습니다.

하지만 좀더 자신의 개성을 자신있게 드러내십시오.

서로가 가진 특기를 보여 주고 칭찬하며 배우는 것도

세상 사는 또하나의 재미입니다.

때로는 상처받는 경우도 있겠지요.

그러나 그에 못지않게 자신만의 개성을 다른 사람 앞에 드러냄으로써

그것을 더욱 연마할 수 있는 기회를 많이 갖게 되는 것입니다.

진정으로
자신이 하고 싶은 일을 하라

언젠가 선배로부터 끈기가 있다는 말을 들은 적이 있습니다. 그때 나는 고개를 갸우뚱거렸습니다.

내 생각에 나는 도무지 끈기가 없는 사람이거든요. 이 말은 어릴 적부터 어머니에게서 들어 온 말이었습니다.

어머니는 늘 내게, "너처럼 인내심 없는 아이는 다시 없을 게다."라고 말씀하시며 혀를 차셨습니다.

사실, 나는 무엇이든 잠깐 하다가 이내 싫증을 느껴 집어치우기 일쑤여서 실제로 그런 말을 들어도 할 말이 없었습니다.

그런 내가 언제부터 끈기가 생겼을까 곰곰 생각해 보았습니다. 잘 알수가 없더군요. 지금도 여전히 나 스스로는 끈기가 없다고 생각하고 있습니다.

그러나 한 가지 깨달은 사실이 있습니다.

어른이 되고 나서는 거의 내가 좋아하는 일밖에 하지 않았다는 것입니다.

교사라는 직업도 좋아했고, 개복치니, 게벌레 연구도 좋아서 시작했습니다. 음악도, 등산도 좋아서 하고 있습니다.

좋아하는 일을 열심히 하므로, 당연히 보람을 느끼고 재미도 있습니다. 물론 때로는 싫증이 나는 경우도 있지만 조금만 참고 기다리면 다시 재미있어진다는 사실을 알고 있습니다. 그래서 중간에 그만두지 않는 것입니다. 그것을 선배는 원래 끈기가 있어서 그러려니 생각한 것이지요.

하지만 다시 생각해 봅시다. 끈기라는 게 본래 그런 것이 아닐까요?

무엇이든 끈기 있게 꾸준히, 열심히 하는 사람이 있습니다. 그는 자신이 하는 일이 싫어지면 아마 도망치거나 도중에 집어치워 버리고 말 것입니다.

도망치지 않고, 끈기를 가지고 계속할 수 있는 것은 역시 그 일을 좋아하기 때문입니다.

그런 관점에서 말을 하자면, 공부를 계속할 의욕이 일지 않는 것은 끈기가 없기 때문이 아닙니다. 본래 학교 공부를 좋아하지 않는 것입니다.

이렇게 말하면 공부하기를 좋아하는 사람이 어디 있느냐고 하겠지만, 사실 공부는 정말 재미있는 것입니다. 공부를 싫어하게 된 사람은 잘못된 방법으로 교육받아 공부에 '질리게' 된 사람인 경우가 대부분입니다.

훌륭한 수업이란, 학생들에게 공부하고픈 열망을 불어넣는 수업입니다. 물론 선생님들은 나름대로 열심히 학생들을 가르칩니다. 하지만 같은 수업을, 어떤 사람은 훌륭한 수업이라고 느끼지만, 다른 사람은 너무도 지루하게 느낄 수 있습니다.

선생님의 '학생을 향한 짝사랑'은 너무도 비일비재하게 일어나는 일입니다.

이것은 연애와 마찬가지입니다.

그러나 짝사랑 때문에 가슴앓이 하는 일 없이 모두가 서로 좋아하면 가장 이상적일 것 같지만, 그렇다면 사랑이 너무 개성 없고 재미없지 않을까요?

가끔은 속 썩이는 상대 때문에 고민도 하고, 눈물도 흘리고, 애간장도 녹아 봐야 사랑이 더욱 소중하게 느껴지지 않을까요?

어쨌든 결국 끈기를 가지게 하는 요소는 자신이 좋아하는 일을 하는 것뿐이라고 말할 수 있습니다. 물론 때로 하기 싫어도 열심히 한다는 사람도 있지만, 그것은 목표를 향한 야심 때문입니다. 이는 평생 즐겁게 지속될 수 없습니다.

예를 들어 그것이 1등을 하기 위한 공부라 한다면, 이런 공부를 평생 계속할 수 있을까요?

사실 뭔가를 좋아하게 된다는 것 자체가 일종의 능력일지도 모릅니다.

다른 사람을 사랑할 수 있는 것, 공부하는 것을 재미있어 하는 것, 스포츠에 미쳐 있는 것 등등. 자신이 좋아하는 일에 전력을 다함으로써 삶의 기쁨을 발견하게 되는 것입니다.

그리고 이러한 일을 할 수 있는 사람이 결국 끈기 있는 사람입니다.

결론은, 이를 악물고 억지로 하는 것만이 끈기는 아니라는 것이죠. 좋아하는 일을 즐기면서 열심히 하는 것이 멋지고 훌륭한 진짜 끈기입니다.

책을 읽는 젊은이에게
하고 싶은 것만 하고 살아라.

 목표를 세우는데 지켜야할 원칙

- 실현 가능한 목표를 세우라.

  자신의 현실 가능성을 따져 자신이 이룩할 수 있는 최고의 목표치를 잡아보자.
- 측정 가능한 목표를 세우라.

  동기부여를 위해서는 반드시 측정 가능한 목표가 필요하다.
- 눈으로 볼 수 있도록 하라.

  눈으로 볼 수 있게 씌여진 것은 증명하는 데 있어 특별한 힘을 발휘한다.
- 마감일을 정하라.

  그것은 언제까지 실현하겠다는 마감을 정해 두면 목표달성 가능성이 높아진다.

그곳에 있는 것만으로도
기분 좋은 사람이 되자

우리가 마음대로 활용할 수 있는 자유로운 시간은 사실 그렇게 많지 않습니다.

그러니 그 시간을 무엇인가 보람 있고 '진짜 사는 것 같이 산다'고 느낄 수 있는 일에 사용해야 합니다.

사람은 두 종류로 나눠집니다. 틈만 나면 가치 있는 일을 하는 사람과 그렇지 않은 사람입니다.

안타깝게도 우리 주위에는 자유로운 시간에 보람된 일을 하는 사람보다 아까운 시간을 그저 그렇게 흘려보내는 게으른 사람이 훨씬 더 많습니다. 넘쳐나는 시간을 어찌 사용해야 할지 모르는 사람도 많습니다.

게으른 사람은 그럴 틈을 많이 갖지 않는 게 더 유리합니다. 그런 사람은 뭔가에 매여 누군가의 명령 하에 일을 하는 것이 오히려 더 속 편하다고 생각합니다. 그리고 그런 일을 더 잘합니다.

예로부터 '소인배는 한가하면 변변치 못한 일을 도모한다'라는 속담이 있습니다.

보잘 것 없는 사람은 시간이 있어도 변변한 일을 하지 못한다는 뜻입니다.

아사나가 신이치로(朝永振一郎)라는 물리학자를 알고 있습니까? 그는 양자론을 응용한 이론으로 노벨상을 수상한 훌륭한 대학자입니다.

생전에 그가 미국 대학에 초청을 받아 간 일이 있습니다. 그때 초청한 미국 대학에서 제시한 조건이 정말로 '미국적'이라 흥미를 끌었습니다.

그 조건은 '아무런 일을 하지 않아도 좋으니 대학의 게스트하우스에서 학생들과 생활만 함께 해 달라. 학생이 찾아갔을 때 잠시 상대해주면 된다.'라는 것이었습니다.

아무런 일을 하지 않아도 좋다는 발상이 대단하지요.

그곳에 그냥 있기만 해도 좋다, 훌륭한 두뇌와 인격이 거기에 존재하는 것만으로 족하다, 그러면 저절로 대학생들이 감화를 받는다는 것이지요.

학문의 세계에서는 인격적인 분위기가 중요하다는 것을 잘 알 수 있는 일화입니다.

그러나 그 정도의 사람이면 아무것도 하지 않고 가만히 있는다는 것은 오히려 있을 수 없는 법입니다.

아사나가 선생은 아침이면 음악 소리에 잠에서 깨었다고 합니다. 대학생들이 아침마다 그분의 게스트하우스 앞에서 조용히 현악 합주를 시작하기 때문이라고 합니다.

그렇게 기분 좋게 일어나 아침 인사를 나눕니다. 그리고 학생들과 같이 가볍게 식사를 하거나 이야기를 합니다. 매일 산책을 하고, 독서와 사색에 빠지기도 합니다. 그는 이를 매우 충실한 시간이었다고 말했습니다.

나는 여러분이 아사나가 선생처럼 그 존재만으로도 타인에게 좋은 영향을 주는 사람이 되었으면 합니다.

세상을 돌아보면 확실히 그런 사람들이 있습니다.

가까이 있다는 것만으로도 안심이 되는 사람, 함께 있으면 의욕이 솟는 사람, 창조적인 일을 떠올리게 해 주는 사람… 당신은 어떻습니까?

들꽃은 거기에 피어 있다는 사실만으로 우리의 마음을 부드럽게 해 줍니다.

이런 힘을 가진 것은 비단 꽃만이 아닐 것입니다.

책을 읽는 젊은이에게
진짜 좋은 사람은 다른 사람보다 나를 아끼는 사람이다.

음미하는
시간을 가져라

뉴튼은 이 공간에는 무엇에도 영향을 받지 않고 흔들리지도 않는, 절대적인 시간이 흐르고 있다고 생각했습니다. 그것을 '시간의 동시성', 혹은 '절대적인 시간'이라 칭할 수 있을 겁니다.

그러나 이에 대해 아인슈타인은 '시간에 동시성은 없다'는 견해를 밝혔습니다.

그것이 바로 그 유명한 '상대성 이론'입니다. 운동하고 있는 각각의 물체는 그 운동 속도로 인해 시간의 진행 방향이 서로 같지 않다는 이론입니다.

한편 우리 인간을 포함한 지구상의 생물들은 물리학에서 이야기하는 시간과는 다른, 생물로서 느끼는 실존적인 시간을 가지고 있습니다.

예를 들면 쥐는 대략 수명이 2년 정도인데, 코끼리는 1백 년 가까이

삽니다.

그러면 코끼리와 쥐가 느끼는 시간은 어떨까요?

얼핏 생각하기에 코끼리가 더 오래 살 수 있어서 좋겠다고 생각할지 모릅니다.

그러나 정말로 그럴까요? 양으로 따지면 물론 코끼리의 삶이 우월하지만, 그 삶의 질이 반드시 같다고 하기는 어렵습니다.

코끼리는 먹이를 먹을 때 천천히 꼭꼭 씹어서 먹습니다. 그래서 식사 시간이 상당히 깁니다. 이에 비해 쥐는 사각사각 재빨리 씹어 먹습니다. 그리고 빠르게 돌아다닙니다. 이렇게 볼 때, 일생 동안 움직인 둘의 전체 량은 그렇게 다르지 않습니다.

평생 동안 심장의 박동 수는 동물에 따라 별로 다르지 않다는 설이 있습니다. 가령 쥐의 맥박이 1분에 100회, 코끼리가 5회라고 한다면 죽을 때까지 맥박 수의 합계는 같습니다. 그러므로 생물의 일생으로 볼 때 같다는 것입니다.

그렇다면 인간은 어떨까요?

인간의 경우는 그 사람의 삶의 질에 따라 그 사람이 느끼는 삶의 길이는 전혀 다르지 않을까 생각합니다.

흐느적거리며 사는 사람과 전력을 다해 사는 사람이 느끼는 시간의 흐름은 전혀 다를 겁니다.

어떤 일을 억지로 하면서 보내게 되면 시간의 흐름이 엄청나게 더딥니다.

아픔을 참고 구급차가 오기를 기다리는 동안에는 시간이 멎은 듯한 느낌마저 듭니다. 이에 비해 재미있게 보내는 시간은 순식간에 지나갑니다.

한편 시간을 잘 보내는 사람은 즐거워하며 시간을 보낼 뿐 아니라, 문득 멈춰서서 흘러가는 시간을 가만히 음미하기도 합니다.

'시간을 음미한다' 이것은 인생을 음미한다는 것과 같은 말이라고 할 수 있습니다.

음미하는 시간을 갖는 것이 바로 이성적인 인간의 특권입니다. 그것이 바로 쥐나 코끼리와 인간의 일생 사이에 질적인 차이를 이끄는 것입니다. 쥐나 바퀴벌레 역시 삶의 보람을 느끼면서 살고 있다면 문제는 다르겠지만요.

여러분은 음미할 수 있는 자신의 시간을 갖고 있습니까?

자기만의 시간을 찾을 수 있는 사람은 정말 멋진 사람입니다.

그야말로 자기만의 느낌으로 가득 찬 인생을 보낼 수 있는 사람입니다.

책을 읽는 젊은이에게

여가시간을 가지려면 시간을 잘 써라.

놀랄 만큼 훌륭한 일을 하는 사람들이 있습니다. 이런 사람들은 신문을 요란하게 장식하며 사람들을 즐겁게 해 주지요.

하지만 이와는 정반대로 아무도 모르게 남다른 독특한 일(혹은 취미나 특기)을 하는 사람이 상당수 있습니다. 아마 여러분 중에도 간혹 있을 것입니다.

한데 그런 사람들은 어째서 남과 다른 자신의 개성을 드러내지 않는 걸까요? 쑥스러워서? 왠지 유난을 떠는 것 같아서? 물론 유난스럽게 과시할 필요는 없습니다.

하지만 나는 여러분이 좀더 자신의 개성을 드러냈으면 합니다. 서로가 가진 특기를 보여 주고 칭찬하며 배우는 것이 세상 사는 또 하나의 재미가 아니겠습니까?

왜 내가 굳이 겉으로 내보이라고 하는 걸까요? 개성을 다른 사람 앞에 드러내면 그만큼 연마할 기회가 늘기 때문입니다.

몇 년 전에 동료 선생님과 함께 중세 이탈리아의 음악을 편곡하고 가사를 번역한 적이 있습니다.

그런데 이탈리아어가 너무 어려워 번역이 잘되지 않았습니다. 그래서 곡의 이미지를 토대로 차라리 새롭게 시를 만들어 보자는 생각으로 가사를 다시 만들기 시작했습니다.

가사가 일단 만들어지자, 아무런 설명 없이 학생들에게 부르게 했습니다.

그랬더니 처음에는 '이게 뭐지?' 하는 듯한 표정들을 짓더군요. 그래서 아이들의 의견을 물으며 조금씩 다시 고쳐 썼습니다. 그리고 마침내 곡이 좋다는 칭찬을 듣게 되었습니다. 정말 기뻤지요.

남 앞에서 자신을 드러내다 보면 분명 상처받는 경우도 많을 것입니다. 때로 악의에 찬 비평을 하는 사람도 있습니다. 그것을 마음에 두지 않는 용기를 지녀야 합니다. 세상에는 자신의 장점을 인정해 주는 사람도 반드시 있기 마련입니다.

예전에 좀 특별한 학생이 하나 있었습니다. 말수가 적고 친구도 별로 없는, 그다지 눈에 띄지 않는 아이였습니다. 그런데 이 아이가 수학여행에서 모든 친구들로부터 부러움과 찬사를 한 몸에 받게 되었습니다.

당시는 아직 노래방이 없었던 시절이라 버스 안에서 한 사람씩 노래를 불렀고 마침내 그 학생의 차례가 되었습니다.

그 아이는 천천히 노래를 부르기 시작했습니다. 모두가 잘 알고 있는 비틀즈의 <예스터데이>였습니다. 한데 그 노랫소리에 모두들 반해 버렸습니다. 발음이 너무나 훌륭하고 아름다웠기 때문입니다. 나중에 물어 보니 매일 영어 회화 공부를 하고 있었다는군요.

그 후부터는 아무도 그 학생을 무시하지 않았고, 수업시간에도 모르는 것이 있으면 그 아이에게 물어보게 되었습니다. 내성적이던 그 아이는 활기차고 적극적인 아이가 되었고요.

어떻습니까? 이렇게 자신의 개성을 드러내면 삶의 모습이 바뀔 수도 있습니다.

책을 읽는 젊은이에게
자기 개성으로 승부를 하라.

하루 한번씩
아름다운 것에 빠져보자

우리는 아름다운 무엇인가와 마주친 순간 행복을 느낍니다. 그저 기쁘다든가 행복하다는 느낌이 드는 것입니다.

거기에 사악한 생각이 들어설 여지는 없습니다.

그런 순간을 여러분도 여기저기서 체험할 것입니다.

순수한 우정이 싹트고 있을 때, 평소에 꿈꾸던 멋진 상대를 만났을 때, 아름다운 꽃을 바라볼 때, 웅대한 산의 자태를 바라볼 때, 정결하고 소담스러운 흰눈을 만졌을 때, 예쁜 그림을 감상하고 있을 때, 그 밖에 여러 가지 '아름다운 것들과 접속하는' 체험을 이따금 하고 있을 것입니다.

어쩌면 나보다 여러분에게 그런 경험이 더 많을지 모릅니다.

이러한 종류의 경험은 나이와는 관계가 없습니다. 사람마다 제각기 지닌 감성의 상태에 따라 달라지는 것입니다. 그리고 똑같은 사람도 그

때의 마음 상태에 따라 변합니다.

교도소에서 오랫동안 생활한 사람들에게는 바깥세상의 혼잡한 거리 모습이 너무 활기차고 좋아 보인다고 하더군요. 또 오랫동안 외국에 갔다가 모국에 돌아오면 그 아름답고 정겨운 모습에 눈물이 핑 돈다고 합니다.

전에 라디오에서 30년 만에 병원에서 퇴원해 집으로 돌아간 사람의 편지가 소개되었습니다. 참으로 감동적인 편지였습니다.

평생 병실에서 나올 수 없으리라 믿었던 사람이 이제 기적적으로 외출할 수 있게 된 것입니다. 편지는 그가 택시 안에서 본 거리 풍경에 대한 감상이었습니다.

길 가는 사람들 모두가 활기차게 걷고 있었습니다. 그 모습이 너무나 신선하고 아름답게 보였습니다.

그는 정말 사람이 사는 것처럼 산다는 건 바로 이런 거구나 하는 생각이 들면서 비로소 세상과 인생에 대해 조금 알 것 같다고 느꼈답니다.

하지만 인생에 대해 느끼기 위해 그런 극단적인 경우를 예로 들 것까지도 없습니다.

대부분의 사람들은 보통 때 어리석고 이기적인 생각만 하고 불평을 일삼습니다. 그러나 어떤 순간 마음이 아름다움 자체와 하나 될 때가 있습니다.

특출하게 훌륭해지려고 무리한다든지 아름다워지려고 너무 애쓸 필요는 없습니다. 자연은 우리를 순식간에 아름다움의 세계로 이끌어 줄니다.

사실은 그런 아름다운 세계는 우리가 사는 곳 어디에나 넘치도록 많이 존재합니다. 단지 우리의 마음속 먹구름이 그것을 가리고 있는 데 불과합니다.

하루 한 번 정도 그런 '아름다움 자체가 되는 순간'이 있으면 참으로 행복하겠지요. 그런 순간을 지닐 수 있도록 일부러라도 노력하십시오.

책을 읽는 젊은이에게
아름다움은 친절과 함께 산다.

 오래된 사람들의 11가지 에티켓

1. 상대방을 소중히 여긴다

2. 신뢰한다

3. 내 의견만 강요하지 않는다

4. 논의가 논쟁으로 바뀌면 대화를 멈춘다

5. 상대의 단점을 감싸준다

6. 구속하지 않는다

7. 상대의 삶을 바꾸려 하지 않는다

8. 즉각적으로 반응하지 않는다

9. 자신만의 방학을 만든다

10. 상대방 의견을 존중한다

11. 서로 존경한다

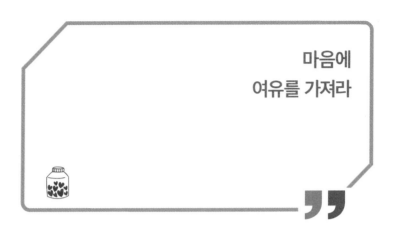

마음에
여유를 가져라

참새는 왜 전깃줄에 앉아도 떨어지지 않는 걸까? 물리학과 학생들에게 이런 재미있는 시험 문제를 낸 선생님이 있었습니다.

그에 대한 답들은, "참새는 신체적 구조가 균형 잡혀 있기 때문이다." 라는 등의, 물리를 전공하는 학생다운 것이 대부분이었다고 합니다.

그런데 그 중에 재미있는 대답이 하나 있었습니다.

"참새는 여유가 있기 때문이다."

바로 이것입니다. 즉 참새는 날개가 있어서 언제라도 날아오를 수 있기 때문에 떨어질 염려가 없다, 그래서 오히려 떨어지지 않는다는 것이지요. 매우 기발하면서도 존재의 본질을 꿰뚫어본 현명한 답변입니다.

그에 대한 우리 주변의 흔한 예를 들어 보겠습니다.

복도 바닥에 폭 10센티미터 정도의 선을 그어 놓고 그 위를 똑바로 걸어 봅시다.

이건 누구나 간단히 할 수 있습니다. 그런데 높이가 30센티미터인 평균대 위에 서면 다리가 후들후들 떨립니다. 1미터 정도의 높이 같으면 서 있기조차 힘이 듭니다.

그런데 이 안에 재미있는 사실이 숨어 있습니다. 이들 모두가 발 딛는 공간은 폭이 10센티미터라는 점입니다. 복도 위를 걷는 것과 전혀 다를 게 없는 조건입니다. 하지만 우리는 평균대 위에서는 걸을 수가 없습니다.

왜 이렇게 되는 걸까 생각해 보면, 복도는 폭 10센티미터 바로 옆 역시 전부 복도입니다. 결국 떨어질 염려가 없는 것이죠. 그래서 안심하고 똑바로 걸을 수 있는 겁니다.

그런데 평균대는 주위가 허공입니다. 그리고 그것을 인식한 순간 걸을 수가 없게 됩니다. 이처럼 발 딛을 주위가 있다는 것이 '여유'일 것입니다.

이것은 공부에도 적용됩니다.

10센티미터 양 옆에 이어진 복도에 해당하는 것이 '교양' 혹은 '상식'이라고 불리는 것입니다. 분명히 이것들은 어떤 좁은 범위(평균대)의 일을 하기에는 불필요한 건지도 모릅니다.

그러나 몸이 후들거릴 때, 다시 말해 풀기 어려운 문제에 부딪혔을 때 여유가 있느냐 없느냐(교양을 갖고 있느냐)는 문제 해결에 매우 중요한 역할을 합니다.

입시나 시합에서 생각처럼 실력이 나오지 않는 경우가 종종 있습니다.

이런 것이 높이 솟은 평균대에 올라간 것과 마찬가지 상황일 것입니다.

예를 들어, 내가 합창대회에서 지휘를 한다고 칩시다. 이 일은 내게 상상을 초월할 정도의 큰 압박이 됩니다.

유명한 음악가가 심사위원으로 와 있는데, 음악적으로 잘못된 부분은 없는지, 잘못하면 학생들이 1년 동안 애쓴 노력이 수포로 돌아가는데, 관객들은 어떻게 보고 있는지 등등 잇달아 불길한 생각이 머리 속을 왔다 갔다 합니다.

그런 생각에 빠져 있다 보면 저절로 몸이 떨립니다. 이 중압감과 싸우는 것은 너무나 힘겹습니다.

하지만 일단 자신의 차례가 끝나면 다른 합창단의 노래는 재미있게 들을 수 있습니다. 그리고 객석의 사람들 역시 아무 일도 없는 듯이 편안히 듣고 있습니다.

다시 말해 방금 전의 압박은 과도한 자의식 때문입니다. 남들은 다 재미있게 듣는데, 자기만 긴장하고 있기 때문입니다. 이럴 때 관객과 같은 평온한 마음으로 연주할 수 있으면 좋겠지요. 그게 바로 '여유'라는 것입니다.

마음속에 넓은 복도를 갖고 있으면 웬만한 일은 자신 있게 해 나갈 수 있습니다.

책을 읽는 젊은이에게

여유를 가지고 쉽게 이긴다.

가끔씩 하늘을 올려다보자

매우 좋은 날씨군요. 맑은 하늘이 당신을 부르고 있는 것 같지 않습니까?

이런 날은 공부 따위 집어치우고 바깥 잔디밭에 멍하니 앉아 있는 것도 좋습니다. 공부만 하다가는 한쪽으로만 치우친 답답한 꽁생원이 될 테니까요.

그러나 이것은 여러분에게는 어려운 일인지 모르겠군요. 여러분은 매일 학교와 집을 왕복하면서 친구와 이야기하고, 공부하느라 바쁘지요. 그렇게 매일을 바쁘게 보내면 한가하게 하늘 올려다볼 기회 한 번 없을 겁니다.

나는 매일 자전거를 타고 출퇴근하는데, 저녁 때 다리 위에서 천천히 저물어 가는 해를 바라보고 있노라면 마음이 한없이 넓어집니다. 복작

거리는 세상사 따위는 자연히 잊게 됩니다.

우리 현대인들은 생활이 모든 면에서 편리해진 만큼 이런 여유를 잃어가고 있는 것 같습니다.

새파란 하늘에 희디흰 구름이 둥실 떠서 천천히 움직입니다. 그것을 보면서 시를 지어 보는 건 어떨까요?

밤하늘의 아름다움을 잊고 지내지는 않습니까? 도회지에 사는 사람들은 쏟아질 듯 하얗게 빛나는 별도 잘 볼 수 없으니 참으로 안 됐습니다.

친구에게 지기 싫어서 열심히 공부하는 것도 좋지요. 뭔가에 열중해서 모든 걸 잊는 것도, 친구들과 와자지껄 떠들어대는 것도 좋습니다.

하지만 그런 중에 문득 조용히 구름이나 별을 바라보는 시간 혹은 평온한 마음으로 자연과 마주하는 시간을 마련하는 것도 꼭 필요합니다.

여러분은 모닥불의 불꽃을 뚫어지게 바라본 적이 있나요? 그런 적이 없다면 지금이라도 한번 해 보세요. 아른거리는 불꽃은 인간을 철학적으로 만들어 줍니다. 특히 한밤중에 차분하게 사그라지고 남은 불꽃을 바라보고 있노라면 인간의 삶이, 그 허무함이 가슴에 와 닿습니다.

내가 어릴 때는 화로가 있었습니다. 그래서 항상 불꽃을 바라보면서 살았지요.

화로를 둘러싸고 온 가족이 식사를 할 때도 많았습니다. 가난했지만 화로 주위에 모여 단란한 한때를 보냈습니다. 불꽃이 마련해 준 화목함이라고나 할까요? 그리고 종종 밭 가운데 불을 피워서 감자를 구워 먹기도 했습니다.

저녁이면 낙엽이 타는 소리가 희미하게 들립니다. 점차 어두워지다가 이윽고 불꽃만이 오롯이 보이지요. 나는 그럴 때 묘하게도 인생을 느꼈습니다.

유감스럽게도 지금은 집들이 좁아져서 그럴 수가 없습니다. 그래서 방 안에 램프를 켜 놓고 혼자서 편안한 마음으로 바라봅니다. 물론 전등은 다 꺼야지요.

그런 상태로 희미하게 흔들리는 작은 불꽃을 바라보고 있노라면 어둑한 벽면에 여러 가지 환상이 피어오릅니다.

어둠을 캔버스 삼아 마음의 그림을 그리는 것입니다.

마음이 아주 편안해질 테니, 흥미 있는 사람은 한번 해 보세요.

책을 읽는 젊은이에게
하늘을 올려다보자 수많은 별들이 빛나고 있다.

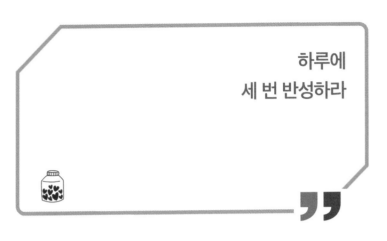

하루에
세 번 반성하라

익숙해진다는 것, 혹은 길들여진다는 것은 무서운 일입니다.

매일 똑같은 행동을 반복하다 보면 아무런 생각도 하지 않고 지내게 됩니다. 그저 타성에 젖어 의미도 없이 시간을 보내게 되는 것이지요.

여러분은 때때로 그런 상태에 빠져 있는 듯 보입니다.

이런 삶이 불만족스럽지 않나요?

24시간 내내 계속해서 생각만 하라는 말이 아닙니다. 매일의 생활 방식을 무비판적으로, 그저 조건반사식으로 반복만 하지 말고 잠깐 멈춰서 생각해 보라는 것입니다. 그러면 스스로가 한심하게 생각될 것입니다.

여러분은 왜 공부하는가 하는, 중요한 물음마저 잊은 채 아무 생각 없이 그저 되는 대로 살고 있지는 않습니까?

만일 그렇다면 그런 생활에서 가슴을 채우는 충만한 기쁨은 결코 느낄 수 없을 것입니다.

어차피 해야 할 일이라면, 그 일에 대한 의미를 생각하고, 그 가치를 인식한 채, 그것을 적극적으로 실행해 가는 자세가 필요합니다.

그리고 자신이 행하고 있는 일에 대한 진지한 반성 역시 꼭 필요합니다. 『논어』에 '하루에 세 번 반성한다'라는 말이 있습니다.

자신을 바라보는, 자신에 대해 생각하는 그리고 반성하고 격려하는 시간을 가질 수 있다는 건 훌륭한 일입니다.

여느 날과 똑같은, 평범한 나날 중에 잠시만 시간을 내서 삶의 의미를 생각해 보거나, 자신이 하고 있는 행동을 조용히 반성해 봅시다. 그것만으로도 지금까지와는 전혀 다른 인생이 펼쳐질 수 있습니다.

아무 생각도 없이 무비판적으로 사는 인생, 생각만 해도 너무 시시하고 억울하지 않습니까?

책을 읽는 젊은이에게

하늘을 올려다보자 수많은 별들이 빛나고 있다.

스승은
인생의 길라잡이다

저는 '스승은 인생의 길라잡이다.'라는 이 말을 아주 좋아합니다. 이 말 속에는 '사람으로서 무엇을 추구하며 살아야 하는가'라는, 존재에 대한 의문이 포함되어 있기 때문입니다.

선생님은 제자들에게 무엇인가를 가르쳐야 합니다. 과연 무엇을 가르쳐야 할까요? 이것이 큰 문제입니다.

지식? 요즘 세상에서는 지식 같은 것은 반드시 선생님에게서가 아니더라도 얼마든지 얻을 수가 있습니다.

자기 나름의 세상을 보는 시선과 철학? 물론 좋겠지만 이것은 편파적인 교육이 될 수 있습니다.

그래서 다시 생각해 봅니다. '결국 내가 살아가는 모습을 그대로 보여 주는 수밖에는 없지 않을까' 하고요. 이때 문제되는 것은 '자신이 어떻게 살려고 하는가'입니다.

칸트는 이렇게 말했습니다.

"지식을 추구해서는 안 된다. '스승'이 해야 할 바를 추구하라."

처음에 언급한 '스승은 길라잡이다'라는 명제가 얼마나 중요하고 어려운 것인지를 알 수 있을 것입니다. '길라잡이'가 아니라면 '이상'이나 '꿈'이라고 해도 될 것입니다.

어떻든 제자에게 그것들을 지닐 수 있도록 교육해야 하는 것입니다.

꿈을 가진 사람은, 설사 그것이 실현되지 않더라도, 꿈을 향해 나아가는 그 모습만으로도 감동스런 삶을 살 수 있습니다.

나는 '스승'이라 부를 만한 분이 몇 분 있습니다. 그 분들은 한결같이 '스승'의 의미에 대해 저와 비슷한 생각을 가지고 있었습니다.

물론 그 분들이 가르쳐 주신 것은 각기 다릅니다. 시골의 역사를 열심히 조사하거나 예부터 전해 오는 이야기를 수집하신 분, 오로지 종교의 의미를 탐구하신 분, 생물을 각별히 사랑하여 숲 속으로 들어가 땅바닥을 훑고 다니시는 분, 지휘자로서 음악에 생명을 거신 분. 모두 확고한 신념을 갖고 노력하는 분들입니다.

나는 그런 선생님들의 영향을 많이 받았습니다.

그리고 그 분들을 조금이라도 닮아 교사로서 학생들의 올바른 길잡이가 되어야 한다고 자신을 질책하곤 합니다.

책을 읽는 젊은이에게
교사가 지닌 능력의 비밀은 인간을 변모시킬 수 있다는 확신이다.

가까이 있는 사람을
소중히 여겨라

나는 이번 설에 형제끼리 신년회를 하기로 계획했습니다. 함께 점심을 먹으면서 술이나 한잔 하자는 것이었습니다.

그래서 모두들 우리 집에서 모이기로 하고 만반의 준비를 다 끝낸 후 아내가 여동생 가족을 마중하러 역에 나갔고, 나는 집에서 잠시 낮잠을 즐기고 있었습니다.

그때 전화가 걸려 왔습니다. '누구일까?' 하며 수화기를 들자 느닷없이 경찰이라고 하지 않겠습니까? 나쁜 짓을 한 적도 없는데 왠지 잠시 긴장했습니다.

경찰이라고 밝힌 그 사람은 좀처럼 이야기의 핵심으로 들어가려 하지 않고 나의 신상에 대해서만 이것저것 물었습니다. 나는 참 이상하다고 생각하며 정신을 바짝 긴장시켰습니다.

그런데 잠시 말을 머뭇거리던 그 경찰이 "사실은 당신 처남이 갑자기 사망했습니다. 오셔서 시체를 확인해 주셨으면 합니다." 하는 게 아닙니까.

정말로 놀랐습니다. 당황스런 가운데 몇 시간에 걸쳐 현지로 떠나랴, 처가에 연락하랴, 장례식 때문에 다시 처가로 돌아가랴 정신없이 바빴습니다. 더구나 익숙지 않은 장례식 수속도 밟아야 해서 몹시 피곤했습니다.

"내일이 있다고 생각하는 마음의 덧없는 벚꽃

한밤중 폭풍에 날아가지나 않을지……"

어느 노승의 노래로 기억합니다. 마음속으로 이 노래를 곰곰이 생각해 봤습니다.

사람에게는 언제 불행이 찾아올지 모릅니다. 본인은 세상을 떠났으니 상관없다 해도 살아남은 사람들은 사랑하는 이의 갑작스런 죽음이 너무도 견디기 힘듭니다. 그래서 유감스러운 일이 계속 일어날 수 있는 것입니다.

가령 여러분이 친구와 크게 싸웠다고 합시다.

그 친구는 여러분과 평생을 함께 할 것 같은 둘도 없이 소중한 친구였습니다.

한데 여러분이 그 친구와 욕설을 퍼부으며 싸우고 헤어진 그날 밤에, 그 친구가 교통사고로 죽었다고 상상해 보십시오. 그런 일은 실제로 있을 수 있습니다.

그러면 분명 여러분은 원통하고 슬플 것입니다.

"아, 내가 왜 그토록 지독한 말을 했을까. 이렇게 될 줄 알았으면 좀더 잘 지낼 것을……" 하고 생각하며 깊이 후회하고 반성할 것입니다.

그리고 오래오래 마음속에 사라지지 않는 회한으로 남아 있을 것입니다.

우리는 대개 이러한 경험들을 갖고 있습니다. 불효가 그 전형일 것입니다.

효도를 생각할 즈음이면 부모님은 이 세상에 안 계시다는 말은 나도 실감합니다.

사람들이 대부분 이런 체험을 직접 하지 않으면 친절해질 수 없다는 사실이 슬프지만, 그것이 우리의 현실입니다.

자, 여러분, 그러니 지금 베풀 수 있는 친절, 지금 보일 수 있는 성의, 지금 가능한 노력을 한번 해 보십시오.

그 사람을 얼마나 좋아하는지 표현하십시오. 서로의 행복을 위하여, 후회하지 않을 삶을 위하여 말입니다.

책을 읽는 젊은이에게
원하는 것을 손에 넣을 수 없다면, 손 닿는 곳에 있는 것을 사랑하라.

내가 좋아하는 일을
직업으로 선택하자

어린 시절 나는 과학자가 되고 싶었습니다. 어른이 된 지금도 그 꿈은 완전히 사라지지 않았습니다.

좋아하는 일을 직업으로 가질 수 있다면 행복하겠지요. 그렇게 생각하는 게 지극히 보편적입니다. 싫어하는 일을 억지로 하기보다는 좋아하는 일을 매일 하는 것이 훨씬 즐거운 것은 두말할 필요도 없이 당연한 일입니다.

좋아하지도 않는 일을 열심히 하라고 하면 할 수 없을지 모릅니다. 그러나 그렇다고 모든 사람이 자신이 좋아하는 일만 하고 살 수는 없는 노릇입니다.

특히 필요한 인원이 아주 소수이거나, 아주 뛰어난 인물만을 요구하는 분야의 일은 더욱 그렇습니다.

그 좋은 예가 프로 야구 선수가 아닐까 합니다. 아무리 본인이 원하고 실력이 있어서 프로구단에 입단을 해도 프로 선수로서 주전으로 활약할 수 있는 사람은 손으로 꼽을 만큼 적습니다.

본인의 능력뿐만이 아니라 좋은 감독과 코치 그리고 행운을 만나는 기회가 있어야 가능합니다. 그렇지 않으면 설령 프로 선수가 되어도 재능을 꽃피우지 못하고 아무도 모르게 프로 무대에서 사라져 갑니다.

역시 사람에게는 그 사람의 그릇과 그에 따르는 부수적인 행운 혹은 불운 같은 것이 있는 모양입니다. 그래서 좋아하는 일을 직업으로 선택하는 경우, 그것이 행복을 가져다 줄 때도 있지만 행복해지지 않는 경우도 있습니다. 그것을 우리는 유념해야 합니다.

존경하는 선생님 가운데 올해 대학 교수 자리를 은퇴하신 분이 있습니다. 그 분은 앞으로 10년은 더 교수직에 있을 수 있음에도 불구하고 그 일을 그만두셨습니다. 이유는 '연구를 하지 못하기 때문'이었습니다.

그 분은 유능한 교수였습니다. 유능한 교수는 대개 잡무가 많기 마련입니다. 대학 책임자가 되면서부터 현장 연구가 전문인 그 분은 야외로 나가지 못하게 되었습니다. 그래서 연구에 필요한 시간이 절대적으로 부족해진 것입니다.

그 분은 연구하고 싶어서 대학 교수가 되었고, 연구하고 싶어서 대학을 그만두신 겁니다.

그 분 외의 다른 선생님들도, "제발 연구를 하게 좀 내버려 달라."고 애원했다고 합니다. 모두 바쁘지만 않다면 훌륭한 일을 할 분들입니다.

그런 생각을 하다 보면 나는 고등학교 교사가 되길 잘했다는 생각이 듭니다. 연구가 직업이 아니므로 취미 삼아 기분 전환으로 할 수도 있습니다. 일로 지친 마음을 연구로 치유할 수도 있습니다.

어쩌면 정말 좋아하는 일은 직업으로 갖지 않고 취미로 마음 내킬 때마다 자유롭게 하는 것이 더욱 좋을지도 모릅니다.

취미로 하는 과학 탐구, 어때요, 근사하게 들리지 않습니까?

책을 읽는 젊은이에게
인간이 한 직업에 종사하다 보면 그 직업이 그의 모습이 된다.

빌게이츠가 마운틴휘트니 고등학교에서 해준 인생충고

1. 인생이란 원래 공평하지 못하다. 그런 현실에 대해 불평하지 말고 현실을 받아들여라.

2. 세상은 네 자신이 어떻게 생각하든 상관하지 않는다.

3. 대학교육을 받지 않은 상태에서 연봉이 4만 달러가 될 것이라고는 상상도 하지 말라.

4. 학교 선생님이 까다롭다고 생각되거든 사회에 나와서 직장 상사의 진짜 까다로운 맛을 한번 느껴봐라.

5. 햄버거 가게에서 일하는 것을 수치스럽게 생각하지 마라. 너희 할아버지는 그 일을 기회하고 생각했다.

6. 네 인생을 네가 망치고 있으면서 부모 탓을 하지 마라. 불평만 일삼을 것이 아니라 잘못한 것에서 교훈을 얻어라.

7. 학교는 승자나 패자를 뚜렷이 가리지 않는다. 어떤 학교는 낙제제도를 아예 없애고 쉽게 가르치고 있다. 하 지만 사회 현실은 이와 다르다는 것을 명심하라.

8. 인생은 학기처럼 구분되어 있지 않고 여름방학이란 것은 아예 있지도 않다. 네가 스스로 알아서 하지 않으면 직장에서는 가르쳐주지 않는다.

9. TV는 현실이 아니다. 현실에서는 커피를 마셨으면 일을 시작하는 것이 옳다.

10. 공부 밖에 할 줄 모르는 '바보'에게 잘 보여라. 사회에 나온 다음에는 아마 그 '바보' 밑에서 일하게 될지 모른다.

사물에 대하여
세상의 중심에 서라

이 세상에 존재하는 것 중에 가치 없는 것은 하나도 없습니다.

주위에 굴러다니는, 혹은 존재하는 어떤 것이든

그것을 보는 사람의 시선과 사고방식에 따라

재미있는 연구 대상이 될 수 있습니다.

그리고 그것은 때로 창조의 원천이 되기도 합니다.

마음먹기에 따라서 우리는 모든 사물에서 가치를 발견할 수 있습니다.

만약 어떤 사물이 하찮게 보인다면,

이는 당신의 마음이 하찮기 때문일 것입니다.

세상에
가치 없는 것은 없다

이 세상에 가치 없는 것은 하나도 없습니다. 주위에 굴러다니는, 혹은 존재하는 어떤 것이든 그것을 보는 사람의 시선과 사고방식에 따라 재미있는 연구 대상이 될 수 있습니다. 그리고 그것은 때로 창조의 원천이 되기도 합니다.

세탁기 속의 그물주머니를 알고 있을 것입니다. 세탁기를 돌리면 실밥이 나오는데, 이것을 잡아주기 위해서 세탁기 안에 그물주머니를 매달아 놓은 것이지요.

그 아이디어를 생각해 낸 사람은 평범한 가정 주부였습니다. 그녀는 그 발명으로 많은 돈을 벌었습니다.

한편 조미료를 발명하게 된 것도, '미역을 넣은 된장국은 왜 각별히 맛있을까' 하는 궁금증에 그 이유를 밝히려고 한 것이 그 시작이었다고 합니다.

꼭 돈을 벌기 위해서가 아니라도 좋습니다.

내가 여러분들에게 이렇게 이야기를 들려주는 것도 실은 그런 겁니다.

'학생들에게 도대체 무슨 이야기를 하지? 으이구 귀찮아. 아이들은 내 이야기를 제대로 들어 주지도 않는데 말이야' 하고 생각하다 보면 이야기하는 게 괴롭고 마음도 어두워집니다.

솔직히 예전에는 그렇게 생각했습니다. 그때는 학생들의 얼굴도 지겨워하는 것으로만 보였습니다.

그러나 언제부터인가 반성을 했습니다.

불평을 한다고 해서 사태가 개선되는 것은 아닙니다. 재미있어도 내 인생, 괴로워도 내 인생이니까요.

인생을 살면서 불평하며 보내는 시간은 얼마나 아깝습니까? 즐겁게 생활해야 합니다. 그래서 나도 적극적으로 강의에 임하기로 했습니다.

옛날에 한 스님이 아이들과 풀피리를 불고 있었습니다. 아이들이 하는 놀이를 통해 수행을 했던 것입니다.

그 스님은 자신이 앉아 있는 곳에 절 이름을 붙였습니다.

물론 절 건물이 있었던 것은 아닙니다. 그냥 이름만 있는 절이었던 것이지요. 태양산(太陽山) 청공사(靑空寺)가 바로 그곳이었다고 합니다.

한번은 아이들이 그곳으로 풀피리를 들으러 왔습니다. 그리고 아이들다운 질문을 했습니다.

"어떤 잎이라도 불 수 있나요?"

"그럼, 이파리는 뭐든 불 수 있지."

"그럼 솔잎으로도 불 수 있나요?"

아이들이란 참으로 대단합니다. 가끔은 이렇듯 엉뚱한 질문을 하곤 하지요.

그 질문에 스님은 어떻게 대답했을 것 같습니까?

"나는 솔잎으로 피리를 불어 줄 수가 없단다. 그 대신 바람이 불어 주지. 바람이 자연의 음악을 연주해 주는 거야."

이 얼마나 멋진 말입니까!.

바람소리조차 아름답다고 미소 지을 때 사람은 자연이 가진 본질을 느끼는 법이지요.

이렇게 보면 마음먹기에 따라서 우리는 모든 사물에서 가치를 발견할 수 있습니다.

만약 어떤 사물이 하찮게 보인다면, 이는 우리의 마음이 하찮기 때문이 아닐까요?

정말, 한번쯤 '심각하게' 생각해 보기 바랍니다.

책을 읽는 젊은이에게
아무것도 하지 않는 것에도 가치가 있다.

우리 마음속에 산타클로스는 있다

　누군가가 학급일지에 어릴 때는 산타클로스의 존재를 믿었지만, 지금은 아무도 산타클로스를 믿지 않는다고 썼더군요. 산타클로스는 다만 어린 시절 읽은 동화 같은 것이라고.

　여러분도 그렇게 생각합니까?

　나는 그렇게 생각하지 않습니다. 산타클로스는 있습니다. 물론, 빨간 옷을 입고 사슴이 끌어 주는 썰매를 타는 배불뚝이 할아버지는 아닙니다. 어릴 때의 산타클로스는 대개가 각자의 아버지이거나 어머니입니다.

　모두가 어렸을 때는 아버지와 어머니가 모두 잠든 틈을 타서 선물을 살짝 아이의 머리맡에 놓아둡니다.

　그러면 다음날 아침에 잠에서 깨서 평소에 원하던 물건을 발견한 아이는 행복해합니다. 아직 어려서 그 포장지가 근처 가게의 것이라는 사실도 눈치 채지 못합니다.

이것이 무엇을 뜻하는지 알고 있습니까?

남에게 친절을 베풀 때는 이렇게 아무도 모르게 하는 것이 좋다는 것을 우리에게 가르쳐 주고 있는 것입니다.

여러분이 어른이 되었을 때 행할 수 있는 가장 아름다운 것은 '아무도 모르게 행하는 친절'이라는 의미입니다. 그와 같은 의미를 여러분의 부모님은 자녀에게 실천하고 있는 겁니다.

조숙한 아이는, "흥, 그런 건 엄마가 사다 놓은 거야" 하고 말합니다. "정말이야. 전날 밤 아빠가 살짝 서랍에 감춰 두는 거 봤어." 하고 말하는 경우도 있습니다.

나는 그런 아이를 보면 그 아이가 부모로부터 선물 받는 것을 당연하다고 생각하게 될까 걱정스럽습니다.

그런 아이는 사회에 나와서도 대부분 어려운 사람에 대해 배려할 줄 모릅니다. 머지않아 자신도 누군가의 꿈을 이뤄주는 산타클로스가 되어야 한다는 생각은 정말 꿈에도 하지 못할 테니까요.

그러므로 산타클로스 따위는 존재하지 않는다고 말하는 사람은 자기 안에 다른 사람을 배려하는 마음이라고는 존재하지 않는다고 이야기하는 것입니다.

결국 산타클로스라는 존재는 여러분이 다른 사람을 배려하는 마음 자체인 것입니다. 산타클로스가 있다고 말한 건 그런 의미입니다.

그리고 산타클로스가 우리 마음속에 존재하는 한 세상은 그래도 아직 살 만한 곳일 겁니다.

믿음은 산산조각 난 세상을 빛으로 나오게 하는 힘이다.

 인생계획표 짜기

계획을 세울 때는 단기 계획과 장기 계획이 필요하다.
먼저 1년 후, 5년 후의 내 모습, 10년 후의 내 모습, 20년 후의 내 모습을 생각해 보는 것이다.
어른이 되었을 때의 자신의 모습을 상상하다 보면 꿈이 바뀌는 경우도 있고,
그 꿈을 왜 선택했는지에 대해서 진지하게 고민할 수 있는 계기가 된다.

반골정신을
길러라

개인 면담을 할 때 학생에게 학원에 다니는지 여부를 물었습니다. 거의 대부분의 학생들이 학원에 다니더군요.

물론 학원에 가는 것이 나쁘다고는 생각하지 않습니다. 다만, 학교에서나 학원에서나 다른 사람에게서 배우는 데만 익숙해지면 곤란하다고 생각합니다. 스스로 배운다는 것의 중요성을 알지 못하게 될 것 같아서 말입니다.

모두가 학원에 가니까 불안해서 '나도 학원에 간다, 학원에 가야 대학에 합격한다.' 그렇게 생각하는 사람이 많습니다. 그렇지요?

모두가 학원에 다닌다. 그러니까 반대로 나는 가지 않고 스스로 공부한다. 이런 반골 정신을 가진 사람은 없을까요?

학문이라는 것은 결국 한 사람 한 사람이 자신의 머리와 몸으로 하는 것입니다. 그러므로 좀 멀리 돌아가더라도 스스로 배우는 습관을 터득해 두는 것이 장래를 위해 훨씬 도움이 될 것입니다.

최근 서점에 가면 이런저런 책자가 눈에 띕니다.

슬프게도 나도 항상 여기에 현혹되곤 합니다. "한 달 만에 영어를 마스터할 수 있다"라든가, "이 책 한 권으로 무슨 표현이든 가능해진다" 등등의 그럴 듯한 광고 문구에 이끌려 불쑥불쑥 사 버립니다.

하지만 그런 것은 대개가 거짓말입니다. 아니, 거짓말이라고 하는 건 정확한 말이 아닐지 모릅니다. 1주일 만에 영어를 할 수 있다는 책이 있다면, 그것은 그 책을 제대로 소화해 냈을 때 이야기겠지요.

다시 말해서 어떤 책이든, 예를 들면 학교 교과서만이라도 필사적으로 마스터하면 엄청난 학력을 단기간에 터득할 수 있을 것입니다.

문제는 그것을 하느냐 마느냐입니다. 할 수 있느냐 없느냐입니다. 즉 개인의 결의와 노력에 달린 문제라는 것입니다.

학원도 그렇습니다. 학원에 나가기만 한다고 실력이 느는 건 아닙니다. 우선 공부를 하는 게 중요합니다. 그것이 전제가 되고 난 다음에 부족한 부분을 학원 강사(학교 교사도 마찬가지겠지요)에게 배우는 것이죠. 모두가 학원에 다니니까 나도 간다는 식으로 유행에 휩쓸리지 않고 내 인생은 내 스스로 개척해 간다는 반골 정신을 가진 학생을 만날 수 있기를 기대해 봅니다.

내가 하는 말에 조금이라도 공감하는 사람이 있으면 남 몰래라도 좋으니 실천해 보십시오.

또 하나, 아무도 모르게 공부한다! 괴로운 표정을 짓지 않는다! 항상 웃는 얼굴로 열심히 한다! 이것은 반골 정신의 다른 얼굴입니다.

책을 읽는 젊은이에게

반골 정신을 좋은 쪽으로 발전시켜 미래의 원동력으로 만들어라.

 성공하는 사람들의 7가지 습관

1. 주도적이 되어라(be proactive)

   자신의 삶에 책임을 져라!

2. 목표를 확립하고 행동하라(begin with the end in mind)

   사명과 삶의 목표를 정하라!

3. 소중한 것을 먼저하라!(put first things first)

   일의 우선순위를 정하고 가장 중요한 것부터 먼저 하라!

4. 상호이익을 모색하라(think win-win)

   모든 사람이 이길 수 있다는 태도를 가져라!

5. 경청한 다음에 이해시켜라!(seek first to understand, then to be understood)

   남을 이해시키기 전에, 상대방을 이해하는 것이 중요하다.

6. 시너지를 활용하라!(synergize)

   더 많은 성과를 거두기 위해 함께 협력하라 !

7. 끊임없이 쇄신하라(sharpen the saw)

   규칙적으로 자신을 새롭게 하라!

말 속에는
인격이 담겨져 있다

언어는 인격을 지녔습니다. 이것은 진리입니다.

구체적으로 말하면 이렇습니다. 예를 들어 내가 여러분을 향해, "좋아한다."고 말하면 여러분은, "흥, 선생님 또 농담하고 계신 거죠?" 하면서 코웃음을 칠 것입니다. 하지만 만약에 그와 똑같은 말을 평소에 동경하던 탤런트에게 들었다면 분명 뛸 듯이 좋아했을 것입니다.

같은 말이라도 존중을 받는 경우와 그렇지 못한 경우가 있는 것입니다.

말은 일종의 인격 같은 것을 갖고 있고, 우리는 그 인격에 대해 반응하는 것입니다.

『성서』에 나오는 '로고스(말씀)'는 이처럼 인격을 가진 말이라는 의미가 아닐까요?

『신약성서』에, "처음에 말씀이 있었다. 말씀은 하느님과 함께 있었다.

말씀이 하느님이었다.'라는 문장이 있습니다. 대단히 상징적이라고 생각하지 않습니까?

우리가 상대방에게 뭔가를 전하려고 할 때, 말이 높은 인격을 지닐 수 있도록 훈련하지 않으면 마음 깊은 곳까지는 통하지 않을 수 있습니다.

그렇기 때문에 우리가 누군가에게 무엇인가를 전하려고 할 때는 성심성의껏 이야기해야 합니다. 그렇지 않으면 전달이 되지 않습니다.

단순한 '음성'은 의미야 전달이 되겠지만 마음이 통하지 않을 것입니다. 말이란 참으로 하기 어려운 것입니다.

언어의 재미는 여기에서 그치지 않습니다. 가령, 본인은 무심코 던지듯이 이야기를 했다 해도 그것이 상대방의 마음에 닿았을 때는 듣는 사람이 자기 나름대로 그 말에 인격(의미)을 부여하는 경우가 있습니다.

몇 년 전에 어떤 학생이 와서, "그때 선생님이 말씀하신 한 마디에 저는 깨달은 바가 있었습니다. 오늘날의 제가 있는 것은 그 말씀 덕분입니다."라고 감사해했습니다.

그런데 나는 내가 무슨 말을 했었는지 전혀 기억이 나지 않았습니다. 그 학생이 그에 관련된 이야기를 이것저것 해 주고 나서야 겨우 생각이 났는데, 그 말은 사실 별 뜻 없이 했던 농담이었습니다.

그 학생을 내심 놀려 주려는 마음으로 했던 것이었는데, 그것이 상대에게는 심장을 찌르는 한 마디가 되어, 그 후의 노력의 원동력이 되었던 것입니다. 재미있지 않습니까?

모리스 윌킨스라는 사람이 DNA 이야기를 했을 때, 대부분의 사람들은 특별한 관심을 기울이지 않았습니다.

그런데 단지 딱 한 사람, 그 이야기를 굉장히 감동적으로 들은 사람이 있었습니다. 그가 바로 나중에 DNA의 구조를 밝혀 노벨상을 받은 왓슨입니다.

이처럼 말이란 받아들이는 사람에 따라서 인격(의미)을 갖기도 합니다.

반대로 부주의한 한 마디의 말이 남에게 돌이킬 수 없는 상처를 입힐 수도 있습니다.

상처를 입은 사람의 심정은 직접 듣지 못하는 만큼 두렵습니다. 그러므로 우리는 이야기를 할 때나 들을 때, 상대방의 입장이 되어 진지한 마음을 갖는 것이 무엇보다 중요합니다.

책을 읽는 젊은이에게

말에는 상대방을 긍정적으로 변화시켜 줄 수 있는 힘이 있다.

결과보다는
과정을 중시하라

무거운 병으로 죽을 처지에 놓인 사람이 있습니다. 어떤 사람이 전력을 다해 그 사람을 살리려고 합니다. 하지만 치료를 하려면 거액의 돈이 듭니다. 그 사람은 그만한 돈을 마련할 수 없었고, 결국 병자는 어쩔 도리 없이 죽고 말았습니다.

또 다른 죽어가는 사람이 있었습니다. 한 부자가 이를 보고는 가벼운 마음으로 심부름꾼을 시켜서, "저 사람을 살려 주라."며 돈을 주었습니다. 덕분에 환자는 살았습니다.

살아난 사람에게는 가난한 사람이 베푼 지극한 마음보다도 부자의 객기와 같은 선심이 훨씬 고마울지도 모릅니다. 세상에는 그런 일이 얼마든지 있습니다.

그러나 살려 준 사람의 입장에서 생각해 봅시다.

자신의 일생을 돌이켜 보았을 때, 자신에게 무엇이 가능했었는지를 평가하기보다는, 무엇을 이루려고 얼마나 노력했는가를 평가해야 합니다.

구체적으로 예를 들어 말하자면, 사람을 몇 명 살릴 수 있었는가보다는 사람을 몇 명이나 살리려고 했는가가 더 중요하다는 의미입니다.

뜻한 바가 문제인 것입니다. 결과는 어떻든 상관없습니다. 아니, 어떻든 상관없을 수는 없겠지만 결과보다 과정을 중시해야 한다는 겁니다.

다시 한번 말하지만, 중요한 것은 '바라던 일을 성취했느냐가 아니라 무엇을 바라고 노력했는가'입니다. 설령 도중에 포기했다고 하더라도, 처음의 그 뜻만은 높이 평가해야 합니다. 그런 마음으로 살아야 합니다.

이처럼 결과보다 과정을 중시하는 모습은 자칫 실패했을 경우에 '도망갈 구멍'을 마련하려는 것처럼 보일 수도 있습니다. 하지만 결코 그렇지 않습니다.

제가 연구하고 있는 생물 분야에서 세계적으로 유명한 한 학자가 있었습니다.

그는 막대한 자료를 수집하고, 그만의 결론에 도달했습니다. 그러고는 이 자료들을 일목요연하게 정리해서 세상을 깜짝 놀라게 할 굉장한 논문을 써야겠다는 결의를 굳히기에 이르렀습니다.

그러나 불행하게도 결의를 굳힌 순간 그는 쓰러지고 말았습니다. 그리고 그 후유증으로 인해 뇌가 손상되어 손을 쓸 수가 없게 되었습니다.

과거에는 손을 쓰지 못하면 아무 일도 할 수가 없었습니다.

가련하게도 후유증은 손에만 남았고, 두뇌는 그때까지 그랬던 것처럼 명석했습니다. 즉, 머리는 정상으로 작용해도 논문을 쓰는 일만은 불가능했던 겁니다.

그는 매일 자신에게 닥쳐 온 불행을 극복하지 못하고 너무도 괴로워했다고 합니다.

그리고 결국은 논문을 완성하지 못하고, 그는 세상을 떠나고 말았습니다.

우리도 언제 그렇게 될지 알 수 없습니다.

그렇기 때문에 결과보다 과정이 중요하다고 말하고 있는 건지도 모릅니다.

하지만 만에 하나 위와 같이 뜻밖의 사고가 발생하여 자신이 뜻했던 바를 성취하지 못한다 하더라도 후회 없는 인생이었다고 말할 수 있도록 마음의 여유를 준비해 두어야 합니다.

책을 읽는 젊은이에게

목표를 이루는 것이 아니라, 그 과정에서 무엇을 배우며 얼마나 성장하느냐이다.

형식 또한
중요하다

젊은 시절에는 너나 할 것 없이 세상의 상식이나 관습 그리고 형식적인 것들에 비판적입니다.

모든 것이 '구태의연'해 보이고, 고인 물같이 보이고, 허례허식적인 쓸데없는 형식에만 사로잡혀 있는 것 같아 보입니다.

그래서 자신의 잣대에 조금이라도 어긋나는 것들은 날카롭게 비판하고, "용납할 수 없어."라고 말합니다. 자기 안의 모순은 조금도 깨닫지 못하고 사정없이 세상에 비판을 가합니다.

대학 시절 나 역시 그랬습니다.

'설날이니 명절이니 하는 건 시시해. 입학식 같은 것은 차라리 없는 게 나아. 설날? 그런 건 아무 쓸모도 없는 거야. 지구는 우리 인생과는 상관없이 돌고 있고, 어디가 시작인지 끝인지도 모르잖아. 특별한 날이라도 되듯이 유난을 떨 필요가 있을까? 하루가 지나간다는 점에서는 보통 때와 별다른 점도 없는데, 그런 습관에서 의미를 발견하겠다니 우스꽝스럽기 이를 데 없어.'

이 생각을 좀더 설명해 보겠습니다.

번호가 전부 같은 숫자로 나열된 표를 모으는 사람이 있습니다. 9999 라던가 1111 따위를 모아 "어때, 희한하지?" 하고 자랑합니다. 우리 학교 직원 가운데도 7이 네 개인 자동차 번호판을 자랑하는 사람이 있습니다. 그리고 그것을 보고 무턱대고 신기해하는 사람도 있습니다.

하지만 잠시만 멈춰 서서 생각해 봅시다. 0001, 0002, 0003, 0004, 0005…… 모두가 하나밖에 없는 번호 아닌가요? 즉 9999가 희귀하듯이 모두가 두 개가 있을 수 없는 진귀한 번호들입니다. 기호로서의 가치는 모두 똑같다는 의미지요.

나는 이런 생각으로 연말이나 설날을 '특별하게' 지낼 필요가 없지 않느냐고 주장했고, 실제로도 그렇게 살아왔습니다.

그러나 최근에는 생각이 약간 바뀌었습니다.

인간이라는 존재는 살다 보면 가끔씩 기분 전환을 필요로 하는 법입니다.

특히 고집 센 사람이나 절제 없는 생활을 하는 사람에게는 그것이 불가결합니다. 대단한 것처럼 말하던 자신이 실은 아무 쓸모도 없는 사람임을 깨닫고 새해의 고마움을 실감하는 것이지요.

여러분 역시 마찬가지입니다. 아침마다 늦잠을 자는 사람이 일상에서

탈출하고 싶다는 바람을 가지고 있다면, 이를 위해서는 어떤 계기가 필요합니다.

설날 같은 '여느 날과 다른' 날이 있어서 그날을 계기로 재다짐을 하는 것입니다. 만약 설날이 없었다면 평생 기분을 새롭게 할 기회가 없지 않았겠습니까?

그렇게 생각하면 행사나 의식은 시시해도 좋은 것입니다. 그 나름대로 생활의 리듬을 주고, 새롭게 출발할 수 있다면 말입니다.

장례식을 보십시오. 장례식은 죽은 사람이 아닌 산 사람을 위한 의식입니다.

살아남은 사람에게 다시 살아갈 힘을 주는, 세상을 떠난 사람과 결별하고 새롭게 출발하도록 하기 위한 의식인 것입니다.

책을 읽는 젊은이에게
마음가짐보다 형식부터 갖춰라.

나만을 위한 기도는
기도가 아니다

입시철의 절이나 교회는 백일기도니 천일기도니 하는 기도를 드리는 신도들로 북새통을 이룹니다.

그 많은 사람들이 모여서 도대체 무엇을 기도하는 걸까요? 물론 당연히, "하느님, 희망하는 대학에 어떻게든 합격하게 해 주십시오."이겠지요.

하지만 이런 건 기도라고 할 수가 없습니다. 물론 기도하는 사람들도 이것이 훌륭한 기도라고 할 수 없다는 건 알고 있지만 괘념치 않습니다.

그러나 진정 기도다운 기도를 할 노력은 아예 하지 않고 기도한다는 것은 얼마나 잘못된 일입니까?

기도라는 건 바라는 일에 전력을 다하고 나서 그래도 아직 마음이 놓이지 않을 때, 혹은 아무리 애를 써도 되지 않을 때 간절히 바라는 심정에서 생기는 것입니다.

매일 흥청망청 놀기만 하면서, 무슨 때만 되면 이기적인 기도를 올리는 것은 얼마나 말도 안 되는 일입니까?

프로야구 대회에서 자기가 응원하는 팀의 타자가 어떻게든 안타 치기를 기대하는 표정으로 응원석에서 기도하는 학생들을 자주 봅니다. 좀 유감스런 광경입니다.

아무리 생각해도 그렇습니다. 자기 편이 이기면 물론 기쁘겠지요. 편을 들어 주고 있는 선수나 팀이 이기면 기뻐 날뛸 것입니다. 그럴 때는 '하느님 감사합니다' 하고 말하고 싶을 것입니다.

그러나 잠깐 생각해 봅시다.

상대도 열심히 분전하고 있을 것입니다. 그리고 상대팀을 응원하는 사람도 열심히 기도를 할 것입니다. 그러면 우리 편 기도는 통했는데 상대 편 기도는 통하지 않는다는 것이 이상하지 않나요?

결국 그건 진정한 기도가 아닙니다. 극단적으로 말해, 그건 기도가 아니라 '저주의 경쟁'입니다.

기도란, 자신뿐 아니라 다른 모든 사람들의 행복을 빌어주는 것입니다. 때로는 자신이 불행해지더라도 상대의 행복을 빌어 주는 것이지요.

그런 면에서 보면 시합 중에 합장을 하는 건 기도가 아니고 명백한 저주입니다.

대학입시 합격 기원도 마찬가지입니다.

자신이 합격한다는 사실은 다른 누군가가 불합격하여 눈물을 흘린다는 것이고, 이는 상대의 불행을 밟고 서서 자신의 행복이 약속된 것이니까요.

기도라고 하면 뭔가 아름답고 깨끗한 것처럼 들리지만 실은 그 안에 '이기적인 저주가 도사리고 있다'라고 해도 마땅할 의미가 섞여 있다는 것입니다.

걸프전에서 다국적군 가운데 한 나라였다고 기억합니다.

신부님이 참전 군인들을 위해서 기도를 올리고 있는 모습을 보았습니다. 분명 이라크군도 마찬가지로 알라 신의 가호를 빌었을 것입니다.

이런 것이 전형적인 저주의 경쟁입니다.

그런 이기주의를 꿰뚫어 본 다음에 무슨 일이든 기도하고 판단했으면 합니다.

그러니 바라건대, 그런 오싹한 기도가 아니고, 모든 사람들의 행복을 비는 기도를 할 수 있기를 바랍니다.

이것은 여러 가지 모순을 잉태하고 있으니 쉬운 일은 아닐 것입니다. 그러나 모두 노력해 봅시다.

책을 읽는 젊은이에게
모든 사람들의 행복을 비는 기도를 하자.

모든 사물을
객관적으로 평가하라

바티칸이 최근 갈릴레오의 탄압은 부당했음을 인정했다는 이야기를 들었습니다.

이제 와서 그게 무슨 뚱딴지같은 소리냐는 생각이 들더군요. 가톨릭이 융통성 없는 종교라는 생각마저 들었습니다.

오늘은 '평가'에 대해 잠시 생각해 보고 싶습니다.

우리는 사물을 즉각 선이냐 악이냐, 혹은 내게 이익을 주느냐 손해를 주느냐 등의, 어떤 정형화된 틀 안에 꿰맞추어 넣어 두고 그 이상은 생각해 보지 않으려는 버릇이 있습니다.

예를 들면, 누군가가 자신에 대해 험담을 했다는 이야기를 들었다고 합시다. 우리는 즉시 '그 사람 절대로 용서하지 않겠어' 하고 생각합니다. 그러나 정말로 그럴까요?

험담에도 여러 가지가 있습니다. 친근함을 표현하기 위해 한 말이거나, 단순히 가벼운 마음으로 농담하듯 한 말일 수도 있고, 경우에 따라서는 사실 칭찬하는 말인지도 모릅니다. 또 당신에게 그 말을 일러바친 사람이 말꼬리를 뚝 잘랐거나 군소리를 붙여 거짓말을 하고 있을 가능성도 있습니다. 그런 상황을 우리는 냉정하게 생각해 보아야만 합니다.

이런 작은 일에서조차 우리는 어리석습니다. 하물며 텔레비전이나 신문에서 보도되는 기사라는 건 어디까지 믿어야 할까요? 걸프전 때 미국의 TV가 방영했던, 기름을 뒤집어쓴 바다새의 모습은 조작된 것이었음이 후에 드러났습니다.

제2차 세계대전 시 박력 있고 위엄 있는 목소리로 행해져 많은 사람을 감동시켰던 처칠의 명연설이 사실은 목소리가 똑같은 다른 사람에 의해 읽혀진 것이었다는 이야기는 유명합니다.

반드시 거짓말은 아니더라도 사물에 대한 평가가 시대와 함께 변하는 일도 있습니다.

중국의 고전 『삼국지연의』에는 손님에게 대접할 것이 없자 사람을 죽이고 그 살을 먹인다는 이야기가 나옵니다. 손님은 그 지극한 마음에 감격했다지만 지금 우리가 보기에 그건 언어도단입니다.

나는 때로 생각합니다. 세상이, 혹은 모든 사람들이 나서서 시끄럽게 '선'이라고 외치는 것에는 한 번쯤 의심 어린 눈초리를 던져 보아야 한다고요.

그러면 그런 경우는 대체 무엇을 기준으로 사물을 평가해야 할까요?

그때의 기준은 한 사람 한 사람의 가치관과 냉정한 태도입니다. 인간은 인간이기 때문에 잘못된 판단을 내리는 경우가 많습니다.

하지만 냉정하게 판단하려고 노력하는 게 중요합니다. 그리고 잘못되었다고 생각했을 때는 직접 확인하고 언제라도 그것을 수정할 용기를 지닐 수 있어야 합니다.

사물에는 즉시 평가를 내릴 수 있는 것, 몇 년이 걸려야 확실한 평가를 내릴 수 있는 것(인생과 같은 것이죠), 백 년 혹은 그 이상 걸리는 것, 영원히 어떤 결정적인 평가를 하지 못하는 것들이 있는 것 같습니다. 또 하나의 사실에 대해 다양한 평가가 존재하는 경우도 많습니다.

어쨌든 어떤 일에 관해 냉정한 판단을 할 수 있으려면 그 사건에서 잠시 눈을 떼고, 시간이 흘러 그 사건과 이해관계가 없는 상황이 정착되어야 합니다.

그런 눈으로 보자면, 바티칸이 이제 와서 세상이 다 인정한 갈릴레오에 대한 긍정적 평가를 내렸다는 것은, 바티칸과 갈릴레오와의 사상적 알력이 이제야 극복될 수 있었다는 의미인지도 모릅니다.

책을 읽는 젊은이에게
생각을 객관적으로 이야기할 수 있는 사람이 되어라.

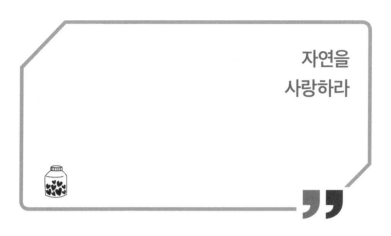

자연을
사랑하라

신혼부부가 리조트 호텔 객실에 들어와서 맨 처음 하는 일은 무엇일까요?

뭘 그렇게 싱글거리며 웃는 거죠? 이상한 생각하면 못써요. 대부분의 신혼부부는 제일 먼저 텔레비전을 켠다고 합니다. 굳이 리조트 호텔에 가서까지 텔레비전을 봐야 할까요? 나도 그걸 알 수가 없습니다.

그러고 보니 생각이 났습니다. 전에 홋카이도의 리시리산(利尻山)에 오른 적이 있습니다.

산록이 우거진 작은 마을을 나서자 눈앞을 가로막는 것이라곤 아무것도 없었습니다. 멀리 시야 끝까지 푸른 숲만 가득 펼쳐져 있었습니다.

작은 섬에 위치한 산인데도 표고가 1,700미터나 됩니다. 눈길을 멀리 던지니 새파란 바다가 끝없이 펼쳐지고, 앞을 보면 험준한 산등성이가 초록으로 빛납니다.

나는 이처럼 이루 형용할 수 없이 아름다운 자연을 만끽하면서 게벌레를 채집하며 산을 올라갔습니다.

도중에 대피소에서 하룻밤 자며 바라본 저녁노을은 그야말로 잊을 수 없을 만큼 감동적이었습니다. 노을에 물든 구름이 산을 넘어 지나가는 모습이 보입니다.

그런 황홀한 풍경을 보면서 가는데 젊은 커플이 내 뒤를 따라 올라왔습니다.

이 사람들은 올라오는 동안에도, 잠시 쉬는 동안에도, 산꼭대기에서 사진을 찍는 동안에도 줄곧 라디오를 켜 놓고 있었습니다. 그것도 쿵쿵거리는 시끄러운 음악이었습니다.

나는 화가 머리끝까지 치미는 것을 참기 힘들었습니다. 그래도 젊은 사람들에게 불평을 했다가 괜히 질투한다는 오해를 받을까 봐 참고 말았습니다. 속으로만 투덜거렸지요. '모처럼 일상에서 벗어나 자연을 접하는데 도대체 왜 그 일상을 산꼭대기까지 끌어들이는 거야?' 하고요.

수학여행을 갔을 때, 때때로 학생들에게서도 그런 경우를 발견하곤 합니다.

경치를 보면 좋을 텐데, 버스 안에서는 잠을 잡니다. 모처럼의 기회에 그 지방의 문화를 접하면 좋을 텐데 숙소에서는 텔레비전만 봅니다. 관람지에서는 안내원의 이야기는 듣지도 않고 선물 가게로 몰려갑니다.

홈스테이(home-stay). 요즘 유행하는 어학연수 형식이지요. 외국인의 집에 가서 같이 생활하며 언어를 배우는 것 말입니다.

미국에 있는 한 외국인에게서 들은 이야기인데, 홈스테이로 모처럼 미국에 가서도 전혀 영어로 대화를 하지 않는 여직원이 있다고 합니다.

그녀들이 열을 내는 경우는 백화점이나 유명 브랜드 상점에 들어갔을 때뿐이었다고 합니다. 마치 돈을 쓰지 못해서 안달 난 여자들 같았다고 하더군요.

홈스테이라는, 유익한 여행의 기회를 그렇게 흘려보내다니 참으로 안타깝고 부끄러웠습니다.

여행을 가면 그 나라와 그 지방의 자연을 좀더 만끽해야 합니다. 그 문화에 흠씬 젖어들어야 합니다.

캠프 같은 것도 자연 속에서 겪는 불편함까지 마음껏 즐겨야 의미가 있습니다.

편리한 기구들은 아무것도 가져갈 필요가 없습니다. 그것이 새로운 세계를 체험하는 자세인 것입니다.

책을 읽는 젊은이에게
자연은 결코 배신하지 않는다.

평상심을
잃지 말자

누구나 칭찬을 들으면 기분이 좋아집니다. 그러므로 상대의 결점을 지적하기보다는 가능하면 칭찬하라는 말은 분명 옳습니다.

하지만 칭찬을 '듣는' 사람 입장에서 잠시 생각해 봅시다. 확실히 마음이 울적할 때 누군가 격려해 주면 기쁘고 위로가 됩니다. 그 덕분에 기운을 차리는 경우도 있으며, 칭찬을 받음으로써 더욱 열심히 살 수 있는 활기를 얻을 수도 있습니다.

그런데 여기에는 곧잘 빠지기 쉬운 함정이 따르곤 합니다. 칭찬으로 사람을 죽인다는 말이 있지요. 상대를 사탕발림 식으로 칭찬하여 한껏 기분을 들뜨게 해서 자기 수에 말려들게 만듭니다. 한참 추켜세운 다음 마지막으로 일격을 가하는 것이죠.

사람이란 원래가 어리석기 그지없는 존재인지라 계속 칭찬을 들으면 자기도 모르게 '나는 정말 실력이 있다, 내가 하는 방식이 정말 옳다' 하고 믿어 버리게 됩니다. 그리고 어느새 자만에 빠져서 겸허한 마음을 잊어버립니다. 이런 것이 무섭습니다.

예로부터 우쭐하는 마음에 능력 이상의 일을 하려다가 일생을 망친 사람들을 얼마든지 볼 수 있습니다.

젊은이들이 북적대는 유흥가를 걷고 있노라면, "당신 정말 멋있군요. 혹시 모델이 되고 싶은 생각이 없나요?" 하는 유혹을 받습니다.

교묘하게 칭찬하는 말을 듣고 처음에는 '나 같은 게 어떻게?' 하고 생각하다가도 차츰 '그래, 나 정도면 모델이 될 수 있지 않을까?' 하는 생각으로 바뀝니다. 그래서 순간적으로 마음이 움직여 거액의 돈을 건넵니다. 나중에 전화하겠다는 말을 듣고 기다려 보지만 끝내 연락은 오지 않습니다. 사무실에 가 보면 이미 줄행랑을 친 뒤입니다.

언젠가 친구와 카페에서 만난 적이 있습니다. 옆자리에 눈이 번쩍 뜨일 만한 미인과 젊은 남자가 마주 앉아 이야기를 하고 있었습니다. 우리는 미인을 힐끔거리면서 두 사람의 대화에 귀를 기울였습니다.

그 여자는 영어 회화 교재를 팔고 있었습니다. 그런데 사람 다루는 솜씨가 대단했습니다. '당신 같은 젊은 사람이 아니면 불가능하다, 발음을 들어 보니 영어를 하기에 아주 적합한 발성법을 지녔다, 그만한 실력이 있으면 충분하다' 등등. 남자의 자존심을 자극하는 칭찬의 말을 절묘하게 쓰는 것이었습니다.

남자는 결국 '계약'을 했습니다. 나와 친구는 "저런, 저 친구 당했군"

하며 쓴웃음을 지었습니다.

하지만 이것은 남의 일이라 알 수 있는 것입니다. 일단 자기가 당하게 되면 그 남자처럼 멍청하게 걸려들지도 모르지요. 이런 전화가 우리 집에도 자주 걸려 옵니다.

"주식을 사지 않으시겠습니까? 지금이 돈을 벌 절호의 찬스입니다. 이건 선생님께만 살짝 털어놓는 겁니다. 이 기회를 놓치지 마십시오."

자신을 칭찬하는 말을 들으면 10퍼센트만 받아들여야 할 것입니다. 다시 말해서 상대가 당신을 칭찬하면 10퍼센트만이 사실이라고 믿으십시오. 이때 중요한 것은 칭찬을 듣는 일이 좋으냐 나쁘냐가 아닙니다. 그로 인해서 자신의 평상심을 잃는 게 문제가 되는 것입니다.

칭찬을 듣든, 험담을 듣든 언제나 자신의 평상심을 잃지 않았으면 합니다.

책을 읽는 젊은이에게
자만을 버리고 평상심을 가져야 한다.

프랭클린의 12가지 인생계명

1. 절제 - 필요 이상으로 먹고 마시지않는다.

2. 침묵 - 자신이나 타인에게 이로운것 이외에는 말하지 않는다.

3. 약속 - 자기 소유물은 각자가 장소를 정해두고 예정된 일은 모두 시간을
정해두고 지켜라

4. 결단 - 자신이 할일은 주저하지 말며, 한번 결심한일은 지체없이 해치워야
한다.

5. 검소 - 자기나 남에게 이롭지 않은이에 금전을 쓰지마라.

6. 공부 - 시간을 헛되이 보내지 말고 유용한 일에만 써라. 쓸데없는 행동을
하지마라

7. 진실 - 남을 속이지 말며 올바르게 생각하고 진실을 말하라

8. 성실 - 옳지못한 일을 하거나 자기일을 게으리 하여 남에게 피해를 끼치
지 마라

9. 중용 - 만사에 극단적으로 흐르지 마라

10. 청결 - 몸, 옷, 또는 가정을 불결하게 하지마라

11. 침착 - 작은일에 놀라지마라. 피할수 없는재난을 당했을때는 태연하게 대
처하라

12. 평화 - 스스로의 평화를 안정시키고 남의 평화를 어지럽히지 마라.

공부에 대하여
꿈은 이루어진다

지적 호기심에 불타는 사람,

자신이 지닌 지식을 이용하여 무엇인가

보람 있는 일을 이루어내는 것에서 희열을 느끼는 사람,

살면서 부딪히게 마련인 인생 문제를 해결하는 것을

삶의 보람으로 아는 사람, 무슨 일이든 즐겁게 할 수 있는 사람.

이런 사람이 바로 지적인 사람, 지적인 생활을 할 줄 아는 사람입니다.

다시 말해 즐겁게 배우고 있다면

공부의 수준이 어떻든 그 사람은 매우 지적으로

또는 '지혜롭게' 살고 있는 것입니다.

여러분은 지금 즐거운 마음으로 공부를 하고 있습니까?

공부는 해서 뭐하지?

"

우리 모두는 때때로 의문을 갖습니다.

공부는 해서 뭐하지?

이런 어려운 공부를 해야 할 필요가 과연 있을까?

내가 하고 싶은 일은 공부 따위 안 해도 얼마든지 할 수 있지 않은가?

승려 도원(道元)이 중국에 유학하는 동안 겪었던 재미있는 일화를 잠시 소개합니다.

도원이 좌선을 하고 있었습니다. 그에게로 다른 수행자가 와서 물었습니다.

"당신은 거기서 뭘 하고 있소?"

"예, 좌선을 하고 있습니다."

"무엇 때문에 좌선을 하는 거요?"

"예, 깨달음을 얻기 위해서입니다."

"무엇 때문에 깨달음을 얻으려고 하는 거요?"

"예, 세상을 구하기 위해서입니다."

"무엇 때문에 세상을 구하려는 거요?"

"모두가 행복해지기 위해서입니다."

"아, 그렇소? …그런데, 무엇 때문에 모두를 행복하게 하려는 거요?"

이 대화는 인간과 인간의 존재 의의에 대한 근본적인 질문을 던지고 있습니다.

우리는 곧잘 되는 대로 하루를 보내고, 대충 세상의 기준으로 보아 그다지 '나쁘지 않은' 가치관으로, 그럭저럭 좋은 게 좋다는 식으로 행동하기 일쑤입니다.

이제 이러한 가치관들을 전부 부정해 보십시오. 부정하고 또 부정하다가 그래도 만약 공부가 하고 싶다면 그것이 정말 자신의 절실한 바람일 것입니다.

공부만이 아닙니다.

그런 근본적인 차원에서 마음 밑바닥으로부터 원하는 것이 있다면, 그것이 바로 그 사람의 삶에 주어진 사명 내지 걸어가야 할 길입니다.

나는 대학 때 좋아하던 일이 두 가지 있었습니다. 생물 연구와 합창입니다.

그래서 교사가 되려고 마음먹었을 때 생물과 음악 중 무엇을 선택할까 고민했습니다.

나는 결국 생물을 선택했습니다. 음악도 좋아하지만 마음속 깊은 곳에서 가장 자신을 위안해 주는 것은 역시 생물이라는 결론에 도달한 것입니다.

물론 음악도 내게 위안을 줍니다.

그러나 생물(자연) 탐구가 좀더 본질적인 면에서 나를 기쁨 속에 살게 한다고 생각했던 것입니다.

여러분도 자신이 무엇을 위해 살고 있는지 한번쯤 진지하게 생각해 보면 어떨까요?

책을 읽는 젊은이에게

미래는 현재 우리가 무엇을 하는가에 달려있다.

'지적으로' 사는 것과 '지혜롭게' 사는 것은 다르다?

'지적으로 산다'는 것은 어떻게 사는 것을 말할까요?

책을 많이 읽는 생활?

세상 철리에 밝은 것?

글쎄요. 이에는 딱히 잘라 정의 내리기가 조금은 곤란한 면이 있습니다.

우리가 보통 "저 사람은 머리가 좋아." 할 때는 대개 지식이 풍부한 사람을 가리킵니다. 또는 시험에서 뛰어난 성적을 받거나 일류 대학에 들어간 사람을 일컫기도 하지요. 이런 판단도 분명 어떤 면으로는 맞는 말입니다.

그러나 그게 다일까요? 머리 회전이 빠른 사람이 과연 지적으로 사는 사람일까요?

뉘앙스 면에서 분명히 차이가 있는 말들이 뒤죽박죽 혼동되어 사용

되고 있는 건 아닐까요?

나는 이렇게 생각합니다.

지적 호기심에 불타는 사람, 자신이 지닌 지식을 이용하여 무엇인가 보람 있는 일을 이루어내는 것에서 희열을 느끼는 사람, 살면서 부딪히게 마련인 여러 인생 문제를 해결하는 것을 삶의 보람으로 아는 사람, 무슨 일이든 활기 있게 즐겁게 할 수 있는 사람. 이런 사람이 바로 지적인 사람, 지적인 생활을 할 줄 아는 사람입니다.

여러분은 공부를 즐겁게 하고 있습니까? 만약 즐겁게 배우고 있다면, 공부의 수준이 어떻든 그 사람은 매우 지적으로 살고 있는 것입니다. 이때의 지적이라는 말은 '지혜롭다'라고 바꾸어 말해도 좋을 겁니다.

해머튼이라는 사람이 『지적생활』이라는 책에서 재미있는 말을 했습니다.

"현대와 소크라테스 시대는 학문의 진보도 다르고 얻을 수 있는 지식의 내용에도 엄청난 차이가 있습니다. 따라서 우리는 소크라테스보다 훨씬 정확하고 풍부한 지식을 터득할 수 있습니다. 하지만 그럼에도 불구하고 소크라테스는 우리보다 훨씬 지적으로 살았습니다."

앞의 글을 읽고 어떤 생각이 듭니까?

이것은 이렇게 해석해 볼 수 있습니다.

머리 좋은 사람이 반드시 행복하거나 질 높거나 지혜롭거나 지적으로 살지는 않는다는 것입니다. 오히려 머리 나쁜 사람이 똑똑한 사람보다 더 지적으로 살 수도 있다는 것입니다.

이 말에 공감합니까?

간단하게 말하자면, '지식'으로 사는 것과 '지혜'롭게 사는 것의 차이라고나 할까요?

내 선배 가운데 "취미가 뭐죠?" 하고 물으면, "공부!"라고 대답하는 사람이 있었습니다. 그래서 사람들의 빈축을 사곤 했죠.

하지만 그는 분명 매우 지적이었습니다. 무엇보다 배우는 것을 마음으로부터 즐기고 있는 것처럼 보였고, 배운 것들은 생활에 응용하려고 노력하였습니다.

그러니 공부를 왜 하는지 따위를 고민하기보다 매일의 공부를 즐기며 하는 것이 무엇보다 중요할 것입니다. 그리고 이것은 삶을 보람 있게 사는 한 방법이기도 합니다.

책을 읽는 젊은이에게
지혜로운 사람은 본 것을 이야기하지만 어리석은 사람은 들은 것을 이야기한다.

공부, 후회하지 않도록
최선을 다하자

여러분은 입학할 때 열심히 공부해 보겠다고 각오를 새롭게 다졌을 것입니다. 그러나 매일 똑같은 일상을 반복하다 보면 점점 갑갑해집니다. 그러다가 뭐하러 이런 귀찮은 일을 해야 하나 하는 마음이 들기 시작하고, 결국에는 학교생활에 아예 의욕도 관심도 생기지 않게 될 수 있습니다. 만사가 시들한 표정으로 그저 매일같이 시키는 일만 대강대강 합니다.

이건 교사들도 마찬가지입니다. 처음에 근무를 시작했을 때는 '좋아, 훌륭한 교사가 되어야지' 하고 눈을 빛내며 의욕을 불태웁니다. 그러나 막상 직접 학생들과 계속 접하다 보면 처음의 생각대로 되지 않는 일이 너무도 많습니다.

그러다 보면 잘못 되는 일들을 학생들의 탓으로 돌리거나, 상사가 나

221

쁘기 때문이라며 험담을 하고, 싫어하는 사람이 있을 경우 그를 탓하기도 합니다.

그러나 지금 하고 있는 일이 좋은지 나쁜지 판단하기 전에 잠시 돌이켜 생각해 보기 바랍니다.

불평을 하는 동안 귀중한 청춘의 한 페이지가 지루하고 무기력한 내용으로 채워지는 것입니다. 시시하다고 생각하면서 하루하루를 보낸다면, 가장 빛나야 하며, 가장 팽팽하게 긴장하여 보내어야 할 시간을 무기력하게 보내게 되는 것입니다.

그러한 자신이 스스로 생각해도 한심하게 느껴지지 않습니까? 꽃 피울 수도 있는 자신의 재능이 게으름에 의해 묻혀지는 것이 아깝지 않습니까?

그런 생각이 든다면 오늘부터 과감하게 발상을 전환시켜 보십시오. 무엇에든 적극적인 자세로 참여해 보는 겁니다.

신(神)이 무엇을 의미한다고 생각하나요?

내가 생각하기에 진정한 신(神)은 자기 마음속에 있는 '양심'입니다. 보다 나은 삶을 살겠다는 의지입니다. 따라서 신을 향해 머리를 숙이고 기도하는 것은 사실 자신의 마음을 향해 두 손을 모으는 일입니다. 더나아가 신의 마음을 가진 상대방과 마주 대하는 것입니다.

이것을 소홀히 여긴다는 것은 결국 스스로의 재능을, 가능성을, 그리고 일생을 무의미하게 낭비한다는 것입니다.

그래도 좋습니까?

삶이란 진지한 것입니다. 장난이 아닙니다. 언제나 이것을 잊지 마십시오.

 1초의 의미

처음 뵙겠습니다

　이 1초 정도의 짧은 말에서 인생의 가슴 설레임을 느끼게 된다

고맙습니다

　이 1초 정도의 짧은 말에서 사람의 부드러움을 알게 된다

힘내세요

　이 1초 정도의 짧은 말에서 사람들은 용기를 되살린다

축하합니다

　이 1초 정도의 짧은 말에서 사람들의 주위는 행복이 넘친다

안녕히 계세요

　이 1초 정도의 짧은 말이 일생을 헤어지게 하는 때가 있다

1초에 기쁘고 1초에 눈물 흘리는 것이 인간의 삶이다

벼락치기 공부로는 실력이 늘지 않는다

어제는 눈이 내렸습니다. 이맘때쯤이면 나는 항상 수험생을 생각합니다. 알다시피 특차 모집은 대개 11월에 끝이 납니다. 한데 이때 합격하면 몇 개월을 벌어 놓은 기분이 되어 흥청망청 놀며 지내는 사람이 있습니다.

그러나 한편에서는 그때부터 본격적인 입학시험을 치르는 사람도 있지요. 아마도 그들은 이미 입학이 결정되어 맘 편히 노는 친구들을 곁눈질하면서, 같은 고등학생인데 자신만 재미없는 공부에 매달려야 하는 것에 화가 날 것입니다.

하지만 이것을 기억하십시오. 바로 그렇기 때문에 편안히 지내는 사람들은 얻을 수 없는 귀중한 체험을 하고 있는 것입니다.

사람이 무엇인가를 배우게 되는 것은 항상 고달프고 어려운 상황에서입니다.

나는 지금 '벼락치기' 공부는 입시에 아무런 도움을 주지 못한다는 이야기를 하려고 합니다. 아마 이 이야기를 듣고 가슴이 철렁 내려앉는 사람도 꽤 있을 것입니다.

여러분 중에 매일 아침 명상을 하는 사람이 있나요?

명상을 하면 짧은 시간 내에 마음을 정리할 수 있습니다. 그리하여 하루를 효율적으로 보낼 수 있습니다. 명상하는 습관은 매일 조금씩 하는 중에 몸에 배이게 됩니다. 공부와 마찬가지로 하루아침에 가능한 일이 아닙니다.

그러니 명상 습관을 몸에 익히고 싶거든 매일 5분간만이라도 꾸준히 하려고 노력하십시오.

매우 우수한 학생이 있었습니다. 그 학생은 공부를 조금만 해도 늘 반에서 1등을 했기 때문에 자신의 머리만 믿고 공부를 조금만 해도 늘 반에서 1등을 했기 때문에 자신의 머리만 믿고 공부를 쉽게 생각했습니다. 그래서 입시가 가까워져도 놀기만 했습니다. '어떻게든 대학에는 붙겠지' 하고 생각한 것입니다.

드디어 입학시험 날이 되었습니다. 그 학생은 성적이 우수했기 때문에 특채생으로 뽑혀 시험을 치렀습니다. 시험문제를 손에 들기까지는 아주 느긋했지요.

한데 문제지를 펼치는 순간 머리가 아득해졌습니다. 전혀 모르는 문제들이 수두룩했던 것입니다. 항상 벼락치기 공부를 해 왔기 때문에 한

정된 범위 같으면 아무 어려움 없이 해냈을 것입니다.

그런데 대학입학시험이라는 것은 범위가 없습니다. 게다가 이것은 공부를 시키기 위한 시험이 아니라 학생을 선발하기 위한 시험입니다. 문제를 보니, 예전에 공부한 적이 있는 것 같기는 한데 도무지 해답이 떠오르지를 않는 것이었습니다. 그 학생은 너무도 초조해졌지요.

그때 문득 뇌리에 떠오른 것이 명상이었습니다. 마음을 가라앉히려고 시험장에서 필사적으로 명상을 했습니다. 그러나 조용히 명상을 하면 할수록 주위 사람들의 연필이 시험지 위를 달리는 소리만이 들려옵니다.

그는 점점 초조해졌고, 문제를 전혀 풀지 못하게 되었다고 합니다. 그래서 결국 시험에 떨어지고 말았습니다.

그 학생은 돌아와서 말했습니다.

"나는 이제 학교에서 하는 말은 믿지 않아. 명상이 좋다고 하기에 해보았지만 아무 소용도 없었어."

그 학생은 공부도 명상도 얼렁뚱땅해서는 아무런 도움이 되지 않는다는 것을 끝까지 이해하지 못했습니다. 그리고 학교를 원망하면서 졸업했습니다.

여러분에게 타산지석이 되겠지요?

입시를 위한 공부에는 벼락치기가 통하지 않습니다.

책을 읽는 젊은이에게

좋아하는 사람은 즐기는 사람만 못하다.

'놀이'하듯 열중하면
성과가 따른다

얼마 전에 이웃의 유치원 아이 몇이 집에 놀러 왔습니다. 나는 아이들에게 종이 상자를 잔뜩 주면서 가지고 놀라고 했습니다.

그러자 흥미로운 현상이 벌어졌습니다.

어떤 아이가 그것을 이용하여 집을 만들려고 열심히 궁리하기 시작했습니다. 또 다른 아이 하나도 이에 질세라 이리저리 상자를 움직이며 무엇인가를 만들려고 머리를 짜냅니다.

그런데 그 둘 외에 다른 아이들은 모두 우두커니 서서 그 두 아이를 바라보기만 했습니다.

나는 내심 깜짝 놀랐습니다. 그 나머지 아이들은 종이 상자를 받아 들고도 무엇을 만들어야 좋을지 도통 생각이 떠오르지 않는 것 같았습니다.

무엇인가를 만들던 두 아이는 마침내 상자가 그럴듯한 모양을 갖추자 잠시 흐뭇해하며 바라보다가는 이내 그것들을 부수기 시작했습니다.

그러자 그때까지 우두커니 주위에 서 있던 아이들이 앞 다투어 뛰어들더니 같이 상자를 부수는 것이었습니다.

그걸 보고 놀랍기도 하고 걱정이 되기도 했습니다. 이 아이들이 고등학생쯤 되면 아예 자기 집을 부수려 들지 않을까 하는 쓸데없는 생각이 들어 불안해진 것이지요.

최근에 생각한 것인데, 세상에는 창조적인 사람과 그렇지 않은 사람이 있는 것 같습니다. 이 말은 '놀이에 대한 마음'이 있느냐 없느냐로 바꿔 말할 수 있습니다.

'놀이에 대한 마음'을 지닌 사람이 되어야 합니다. '놀이에 대한 마음'을 지닌 사람이란, 힘든 일이나 괴로운 일도 놀이를 할 때처럼 즐겁게, 도전 정신을 가지고 덤벼들려는 정신을 지니고 있는 사람을 말합니다.

수학을 예로 들어 봅시다. 수학은 고도의 퍼즐입니다. 평소 퍼즐에 열중할 수 있는 사람은 수학이라는 퍼즐 역시 재미있게 할 수가 있습니다. 수학을 퍼즐이라고만 생각할 수 있다면요.

세상에는 무슨 일을 하든 불평만 하다가 결국은 아무것도 하지 않는 사람이 꽤 있습니다.

이것은 어른이나 아이나 마찬가지입니다. 아니, 어른의 경우는 불평 대신에 좀더 세련된 말과 글로 포장된 비판을 하니 더욱 안 좋습니다.

학문, 직업, 결혼 생활, 자녀 교육, 공부, 운동 등 모든 것에 놀이를 하는 마음가짐으로 임한다면 기분 좋게, 스트레스 없이 지낼 수 있지 않을까요?

나는 천재적인 창조력을 발휘하는 사람은 이러한 놀이의 마음이 남보다 몇 배는 뛰어난 사람이라고 생각합니다.

노벨상을 받은 미국의 물리학자 파인먼(R. P. Feynman, 1918~1988년)의 취미는 사무실의 모든 책상의 자물쇠를 열고 다니는 것이었다고 합니다.

해괴하지요? 취미가 금고 열기라니요. 물론 나쁜 마음이 있었던 것은 아니지요. 그는 단지 인간이 만든 자물쇠라는 지혜에 도전해 보고 싶었던 것입니다.

아마도 그는 자물쇠 열기에 열중하듯이, 물리학에도 열중했을 것입니다.

여러분도 뭔가를 해야 할 때, 놀이에 열중하듯 그 일을 해 보면 어떨까요?

의외로 그 안에서 인생의 큰 의미를 발견할지도 모릅니다.

책을 읽는 젊은이에게
자신이 하는 일에 열중할 때 행복은 자연히 따라온다.

지식을 다양하게 섭렵하라

지금 와선 아무런 소용이 없는 일이기는 하지만, 나는 최근 고교 시절에 모든 교과목을 좀더 열심히 공부하지 않은 것을 후회하고 있습니다.

왠지 아십니까?

요즘 들어 수학과 국어, 역사, 지리, 미술, 음악, 물리, 화학 등의 모든 문화·과학 분야에 흥미를 갖기 시작한 것입니다. 아니, 이런 것들에 대한 필요성을 깨닫게 되었기 때문이라는 것이 솔직한 말이겠지요.

지금 나는 러일전쟁을 테마로 한 소설을 읽고 있습니다. 한데 읽다 보니 가장 골치 아픈 것이 지리입니다. 어떤 지역에서 어떤 식으로 공격해 들어갔다고 쓰여 있는데, 도통 그게 어디인지를 알 수가 없습니다.

그래서 지도를 펼쳐 놓고 하나하나 찾아가면서 읽어 나갑니다. 그렇게 하면 한층 실감이 나면서 사실적으로 느껴져 무척이나 재미있습니다.

또한 어떻게 그런 전쟁이 일어났는지 이해하려면 역사를 알아야 합니다. 역사적 지식이 없으면 그 전쟁에 대한 평가를 내릴 수가 없습니다.

동일한 전쟁에도 여러 가지 평가가 있을 수 있습니다. 침략전이었다느니, 방어전이었다느니 등등. 여러 방면에서 살펴보지 않으면 올바른 판단을 내릴 수가 없습니다.

나아가 무기에 대해서도 알아야 합니다. 이것은 어느 정도 과학적인 지식이 요구됩니다.

덧붙여 그 당시의 신문은 그 전쟁을 어떻게 보도하고 있었는지에 흥미를 갖다 보니 옛 글자도 알아야 합니다.

외국에서의 견해는 어떤가 살펴보려면 영어 신문 같은 것도 훑어보아야 합니다.

이처럼, 소설을 더 재미있게 읽고 여러 가지를 생각하기 위해서는 온갖 지식이 요구된다는 점을 알 수 있을 것입니다.

세상은 여러분이 지금 공부하고 있듯이 국어, 수학, 물리, 사회 하는 식으로 정확히 분류되는 것은 물론 아닙니다. 하지만 이런 것들을 잘 알고 있으면 보다 적극적으로, 보다 지혜롭게 삶을 경영할 수 있습니다.

간혹 이런 공부가 무슨 소용 있느냐고 짜증스러워하는 사람이 있습니다.

나는 이런 사람들에게 분명히 말해 둡니다. 항상 공부가 무슨 소용이 있을까 생각할 것이 아니라, 어떻게 활용해야 소용 있게 만들 수 있는가를 고민해야 합니다.

만약 내가 소설에 흥미가 없었다면, 역사와 영어 같은 건 분명 필요가 없었을 것입니다.

마찬가지로 꽃이 없다 해도 사실 생활하는 데는 아무런 지장이 없습니다.

그렇다면 어떻게 꽃가게가 유지될까요? 그럼에도 꽃을 필요로 하는 사람들이 존재하기 때문입니다.

꽃을 이용해 좋아하는 사람에게 '당신을 좋아한다'는 마음을 전하려 하는 것이든, 주위 환경을 아름답게 하기 위한 것이든 꽃을 필요로 하는 사람이 꼭 있게 마련이지요. 이것이 문화입니다.

따라서 공부는 소용없다고 말하는 사람은 편협한 지식으로 만족하는 사람이라고 단언해도 좋을 것입니다.

공부가 과연 그 사람에게 있어 중요한지 아닌지는 사람 나름일 것입니다. 그 사람의 가치관에 따른 것이므로 스스로 결정하는 수밖에 없습니다.

책을 읽는 젊은이에게

진정한 앎은 자신이 얼마나 모르는지를 아는 것이다.

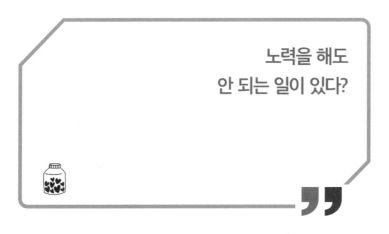

노력을 해도
안 되는 일이 있다?

부모의 업보가 자식에게까지 간다는 오싹한 말이 있지요. 인과응보, 원인과 결과라는 건 매우 어려운 개념이어서 단순하게 설명할 수 없습니다.

이 세계는 복잡 미묘합니다. 무엇이 어떻게 굴러가고 있는지 아무도 정확히 읽어 내지 못합니다.

사람들은 곧잘 "노력을 하면 반드시 보답이 따르는 법이다"라고 말합니다. 그런데 실제로는 그게 그렇지만은 않습니다. 노력을 해도 보상이 따르지 않는 경우가 종종 있습니다. 물론 보상을 받는 경우가 훨씬 더 많습니다. 그래서 열심히 일할 맛이 나는 거겠죠.

어찌되었든, 대부분의 사람들은 운 좋게 보상을 받으면 '정의는 승리하는 법이다'며 기분 좋아하고, 세상에 감사하고 싶어 하기까지 합니다.

하지만 마땅한 보상을 받지 못하면 '신 따위가 있긴 뭘 있어!' 하고 세상을 원망합니다.

성실하게 열심히 살아온 사람이, 이제부터 정말 사는 것처럼 살아 보겠다고 결심한 바로 그 순간, 불치의 병이 걸렸습니다.

그리고 평생을 병실에서 나올 수 없는 신세가 되어버리고 말았습니다. 우울하게 보내던 어느 날 병원 창문을 통해 밖을 내다보고 있자니 집 없는 한 걸인이 천연덕스러운 얼굴로 어슬렁거리고 있습니다. 그의 얼굴은 혈색도 좋고 아주 건강해 보입니다.

도저히 납득되지 않는 순간이 바로 이럴 때이겠지요.

'나는 나쁜 짓도 하지 않고 열심히 세상과 남을 위해 살아왔다. 한데 지금껏 남에게 폐만 끼치며 살아온 저 거지는 저토록 건강하고, 나는 이렇게 누워 지내다니! 세상은 불공정하기 짝이 없어! 용서할 수 없어!' 하고 울분을 터뜨립니다.

이 정도로 심하게는 아니더라도 정직하게 일해 왔는데 대충 살아온 사람은 잘 되고, 자신은 불행한 처지에 빠졌다는 생각이 들었던 경험은 누구나 갖고 있을 것입니다.

성실하게 살면 반드시 보상받는다는 것을 아주 깊이 생각해 보아야 할 것입니다.

이것은 인생을 사는 데 중요한 문제입니다.

책을 읽는 젊은이에게
노력하는 사람은 즐기는 사람을 이길 수 없다.

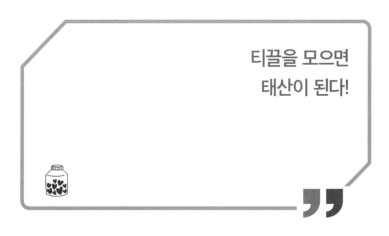

티끌을 모으면 태산이 된다!

'티끌을 모으면 태산이 된다!'라는 말을 자주 사용한 사람은 니노미 야 긴지로(二宮金次郎)입니다.

그는 처음에 유채씨앗 한 홉을 빌려다가 방치되어 있는 둑방을 경작 하여 심었습니다. 그리고 그것으로 다섯 홉의 수확을 얻어 두 홉은 빌린 사람에게 갚았습니다. 다음해에 남은 세 홉을 심어 그 몇 배의 수확을 얻었습니다. 그렇게 해서 몇 년 후에는 아주 많은 수확을 얻었습니다. 그 는 그것을 팔아서 책을 샀다고 합니다.

'작은 것을 거듭거듭 쌓아 가노라면 언젠가 큰일을 해낼 수 있다'라는 이 소박한 진리를 그는 가르쳐 주었습니다. 그런데 이것은 의외로 쉽지 가 않습니다. 매일 작은 일을 충실하게 꾸준히 해내는 사람은 대단한 사 람입니다.

나는 10년 전쯤 영어공부를 열심히 하겠다고 결심한 적이 있었습니다. 그래서 매일 공부한 시간을 그래프용지에 그려 넣어 누계를 내보았습니다. 그리고 나 자신이 의지가 약한 사람이라는 것을 절감했습니다. 1년 동안 필사적으로 열심히 영어공부를 할 생각이었는데, 하루 평균 1시간을 채우지 못했으니까요. 어떤 날은 대여섯 시간도 공부했습니다.

그런데 바로 이게 탈이었습니다. 한 번에 많은 양을 공부하면 만족감은 얻을 수 있겠으나, 그 후 2, 3일 동안은 그냥 지나가 버리기 십상입니다. 결과적으로 매일 1시간씩 규칙적으로 하는 것이 능률면에서 더 효과적입니다. 나는 이때 매일 규칙적으로 차근차근 공부한다는 것의 어려움을 경험적으로 깨달았습니다.

여러분도 한 번 해 보기 바랍니다. 하루 1시간의 공부, 이것을 실천하기가 참으로 힘듭니다. 너무나 유혹이 많이 따르기 때문이지요.

언젠가 중국의 위인전을 읽다가 놀랄 만한 글귀를 발견하였습니다.

한 남자가 성인에게 그 누구보다도 뛰어날 수 있었던 이유에 대해서 물었습니다. 그러자 그는 이렇게 답합니다.

"만약 내가 여러분과 조금 다른 점이 있다면, 그건 매일같이 꾸준히 노력을 했다는 것일 겁니다."

실로 단순 명쾌한 대답입니다. 그리고 두려운 대답입니다.

이 말은 '학문에 왕도는 없다'는 말과 같습니다.

책을 읽는 젊은이에게

몇 분, 몇십 분 티끌 같은 시간에 티끌 같은 일들을 처리하는 것이 현명하다.